Y # 5527.
10.

Réserve.

Ⓒ

Yf 3213.

PHEDRE et HIPPOLYTE

PHEDRE
&
HIPPOLYTE.
TRAGEDIE.
Par Mr RACINE.

A PARIS,
Chez CLAUDE BARBIN, au Palais,
sur le Perron de la Sainte Chapelle.

M. DC. LXXVII.
AVEC PRIVILEGE DV ROY.

PREFACE.

Oicy encore une Tragédie dont le sujet est pris d'Euripide. Quoy que j'aye suivi une route un peu differente de celle de cet Auteur, pour la conduite de l'Action, je n'ay pas laissé d'enrichir ma Piece de tout ce qui m'a paru le plus éclatant dans la sienne. Quand je ne lui devrois que la seule idée du caractere de Phedre, je pourrois dire que je luy dois ce que j'ay peuteftre mis de plus raisonnable sur le Theatre. Je ne suis point étonné que ce Caractere ait eû un succés si heureux du temps d'Euripide, & qu'il ait encore si-bien reüssi dans nostre siecle, puis qu'il a toutes les qualitez qu'Aristote demande dans le Heros de la Tragédie, & qui sont propres à exciter la Compassion & la Terreur. En effet Phedre n'est ni tout-a-fait coupable, ni tout-a-fait innocente. Elle est engagée par sa destinée, & par la colere des Dieux, dans une passion illegitime dont elle a horreur toute la premiere. Elle fait tous ses

ã iij

PREFACE.

efforts pour la furmonter. Elle aime mieux fe laiffer mourir, que de la declarer à perfonne. Et lors qu'elle eft forcée de la découvrir, elle en parle avec une confufion, qui fait bien voir que fon crime eft pluftoft une punition des Dieux, qu'un mouvement de fa volonté.

J'ay mefme pris foin de la rendre un peu moins odieufe qu'elle n'eft dans les Tragedies des Anciens, où elle fe refout d'elle-mefme à accufer Hippolyte. J'ay crû que la Calomnie avoit quelque chofe de trop bas & de trop noir pour la mettre dans la bouche d'une Princeffe, qui a d'ailleurs des fentimens fi nobles & fi vertueux. Cette baffeffe m'a paru plus convenable à une Nourrice, qui pouvoit avoir des inclinations plus ferviles, & qui neanmoins n'entreprend cette fauffe accufation que pour fauver la vie & l'honneur de fa Maiftreffe. Phedre n'y donne les mains que parce qu'elle eft dans une agitation d'efprit qui la met hors d'elle-même, & elle vient un moment aprés dans le deffein de juftifier l'innocence, & de declarer la verité.

Hippolyte eft accusé dans Euripide & dans Seneque d'avoir en effet violé fa Belle-Mere. *Vim corpus tulit.* Mais il n'eft icy accusé que d'en avoir eu le deffein. J'ay voulu épargner à Thefée une confufion qui l'auroit pû rendre moins agréable aux Spectateurs.

PREFACE.

Pour ce qui est du personnage d'Hippolyte, j'avois remarqué dans les Anciens, qu'on reprochoit à Euripide de l'avoir representé comme un Philosophe exemt de toute imperfection. Ce qui faisoit que la mort de ce jeune Prince causoit beaucoup plus d'indignation que de pitié. J'ay cru luy devoir donner quelque foiblesse qui le rendroit un peu coupable envers son Pere, sans pourtant luy rien ôter de cette grandeur d'ame avec laquelle il épargne l'honneur de Phedre, & se laisse opprimer sans l'accuser. J'appelle foiblesse la passion qu'il ressent malgré luy pour Aricie, qui est la Fille & la Sœur des ennemis mortels de son Pere.

Cette Aricie n'est point un personnage de mon invention. Virgile dit qu'Hippolyte l'espousa & en eût un Fils apres qu'Esculape l'eut resuscité. Et j'ay lû encore dans quelques Auteurs qu'Hippolyte avoit épousé & emmené en Italie une jeune Athenienne de grande naissance, qui s'appelloit Aricie, & qui avoit donné son nom à une petite Ville d'Italie.

Ie rapporte ces autoritez parce que je me suis tres scrupuleusement attaché à suivre la Fable. J'ay mesme suivi l'histoire de Thesée telle qu'elle est dans Plutarque.

C'est dans cet Historien que j'ay trouvé que ce qui avoit donné occasion de croire que The-

PRÉFACE.

sée fust descendu dans les Enfers pour enlever Proserpine, estoit un voyage que ce Prince avoit fait en Epire vers la source de l'Acheron, chez un Roy dont Pirithoüs vouloit enlever la Femme, & qui arresta Thesée prisonnier apres avoir fait mourir Pirithoüs. Ainsi j'ay tâché de conserver la vray-semblance de l'histoire, sans rien perdre des ornemens de la Fable qui fournit extrémement à la Poësie. Et le bruit de la mort de Thesée fondé sur ce voyage fabuleux, donne lieu à Phedre de faire une déclaration d'amour, qui devient une des principales causes de son malheur, & qu'elle n'auroit jamais osé faire tant qu'elle auroit cru que son mary estoit vivant.

Au reste, je n'ose encore assurer que cette Piece soit en effet la meilleure de mes Tragédies. Je laisse & aux Lecteurs & au temps à decider de son veritable prix. Ce que je puis assurer; C'est que je n'en ay point fait où la vertu soit plus mise en jour que dans celle-cy. Les moindres fautes y sont severement punies. La seule pensée du crime y est regardée avec autant d'horreur que le crime mesme. Les foiblesses de l'amour y passent pour de vrayes foiblesses. Les passions n'y sont présentées aux yeux que pour montrer tout le desordre dont elles sont cause. Et le vice y est peint par tout avec des

PREFACE.

couleurs qui en font connoistre & haïr la difformité. C'est-là proprement le but que tout homme qui travaille pour le Public doit se proposer. Et c'est ce que les premiers Poëtes tragiques avoient en veuë sur toute chose. Leur Theatre estoit une Ecole où la vertu n'estoit pas moins bien enseignée que dans les Ecoles des Philosophes. Aussi Aristote a bien voulu donner des regles du Poëme Dramatique, & Socrate le plus sage des Philosophes ne dédaignoit pas de mettre la main aux Tragédies d'Euripide. Il seroit à souhaitter que nos Ouvrages fussent aussi solides & aussi pleins d'utiles instructions que ceux de ces Poëtes. Ce seroit peut-estre un moyen de reconcilier la Tragédie avec quantité de Personnes celebres par leur pieté & par leur doctrine qui l'ont condannée dans ces derniers temps, & qui en jugeroient sans doute plus favorablement, si les Auteurs songeoient autant à instruire leurs Spectateurs qu'à les divertir, & s'ils suivoient en cela la veritable intention de la Tragédie.

Extrait du Privilege du Roy.

PAR grace & Privilege du Roy, donné à Saint Germain en Laye l'onziéme jour de Fevrier 1677. Signé, Par le Roy en son Conseil, DALENCE', il est permis au sieur Racine Tresorier de France en la Generalité de Moulins, de faire imprimer par tel Imprimeur ou Libraire qu'il voudra choisir, une Tragédie intitulée *Phedre & Hippolyte*, en tel volume, marge, caractere, & autant de fois que bon luy semblera, pendant le temps & espace de sept années entieres & consecutives, à compter du jour que chaque Volume sera achevé d'imprimer pour la premiere fois : Pendant lequel temps Sa Majesté fait tres-expresses deffenses à toutes personnes de quelque qualité & condition qu'elles soient, d'imprimer, faire imprimer, vendre & distribuer ladite Tragédie, sous quelque prétexte que ce soit, sans le consentement dudit sieur Racine, ou de ceux qui auront droit de luy, ny d'en faire des Extraits ou Abregez, sous peine de trois mille livres d'amende, & confiscation des Exemplaires contrefaits, dépens, dommages, & autres peines plus amplement portées par lesdites Lettres de Privilege.

Regiſtré ſur le Livre de la Communauté, ce *Mars 1677*. Signé, THIERRY Syndic.

Achevé d'imprimer pour la premiere fois, en vertu des Presentes, le 15. Mars 1677.

ACTEVRS.

THESEE, Fils d'Egée, Roy d'Athenes.

PHEDRE, Femme de Thesée, Fille de Minos & de Pasiphaé.

HIPPOLYTE, Fils de Thesée, & d'Antiope Reine des Amazones.

ARICIE, Princesse du sang Royal d'Athenes.

OENONE, Nourrice & Confidente de Phedre.

THERAMENE, Gouverneur d'Hippolyte.

ISMENE, Confidente d'Aricie.

PANOPE, Femme de la suite de Phedre.

GARDES.

La Scene est à Trézene, ville du Peloponnese.

PHEDRE

PHEDRE,
ET
HIPPOLYTE.
TRAGEDIE.

ACTE PREMIER.

SCENE PREMIERE.
HIPPOLYTE, THERAMENE.
HIPPOLYTE.

LE dessein en est pris, je pars, cher Theramene,
Et quitte le sejour de l'aimable Trézene,
Dans le doute mortel dont je suis agité.
Je commence à rougir de mon oisiveté.
Depuis plus de six mois éloigné de mon Pere
J'ignore le destin d'une teste si chere.

A

PHEDRE

J'ignore jusqu'aux lieux qui le peuvent cacher.

THERAMENE.

Et dans quels lieux, Seigneur, l'allez-vous dôc chercher?
Déja pour satisfaire à vostre juste crainte
J'ay couru les deux Mers, que separe Corinthe.
J'ay demandé Thesée aux Peuples de ces bords
Où l'on voit l'Acheron se perdre chez les Morts.
J'ay visité l'Elide, & laissant le Ténare,
Passé jusqu'à la Mer, qui vit tomber Icare.
Sur quel espoir nouveau, dans quels heureux climats
Croyez-vous découvrir la trace de ses pas?
Qui sçait mesme, qui sçait si le Roy vostre Pere
Veut que de son absence on sache le mystere?
Et si lors qu'avec vous nous tremblons pour ses jours,
Tranquille, & nous cachant de nouvelles amours
Ce Heros n'attend point qu'une Amante abusée ...

HIPPOLYTE.

Cher Theramene, arreste, & respecte Thesée.
De ses jeunes erreurs desormais revenu
Par un indigne obstacle il n'est point retenu.
Et fixant de ses vœux l'inconstance fatale
Phedre depuis long-temps ne craint plus de Rivale.
Enfin en le cherchant je suivray mon devoir,
Et je fuiray ces lieux que je n'ose plus voir.

THERAMENE.

Hé depuis quand, Seigneur, craignez-vous la presence
De ces paisibles lieux, si chers à vostre Enfance,
Et dont je vous ay veû preferer le sejour
Au tumulte pompeux d'Athenes, de la Cour?

& HIPPOLYTE.

Quel peril, ou plutoſt quel chagrin vous en chaſſe?

HIPPOLYTE.

Cet heureux temps n'eſt plus. Tout a changé de face
Depuis que ſur ces bords les Dieux ont envoyé
La Fille de Minos & de Paſiphaé.

THERAMENE.

J'entens. De vos douleurs la cauſe m'eſt connuë,
Phedre icy vous chagrine, & bleſſe voſtre veuë.
Dangereuſe maraſtre, à peine elle vous vit,
Que voſtre exil d'abord ſignala ſon credit.
Mais ſa haine ſur vous autrefois attachée
Ou s'eſt évanoüie, ou s'eſt bien relâchée.
Et d'ailleurs quel peril vous peut faire courir
Une femme mourante, & qui cherche à mourir?
Phedre atteinte d'un mal qu'elle s'obſtine à taire,
Laſſe enfin d'elle meſme, & du jour qui l'éclaire,
Peut-elle contre vous former quelques deſſeins?

HIPPOLYTE.

Sa vaine inimitié n'eſt pas ce que je crains,
Hippolyte en partant fuit une autre Ennemie.
Je fuis, je l'avoüray, cette jeune Aricie
Reſte d'un ſang fatal conjuré contre nous.

THERAMENE.

Quoy vous-meſme, Seigneur, la perſecutez vous?
Jamais l'aimable Sœur des cruels Pallantides
Trempa-t-elle aux complots de ſes Freres perfides?

A ij

Et devez vous haïr ſes innocens appas?

HIPPOLYTE.

Si je la haïſſois, je ne la fuirois pas.

THERAMENE.

Seigneur, m'eſt il permis d'expliquer voſtre fuite?
Pourriez-vous n'eſtre plus ce ſuperbe Hippolyte,
Implacable ennemy des amoureuſes lois,
Et d'un joug que Theſée a ſuby tant de fois?
Venus par voſtre orgueil ſi long-temps mépriſée,
Voudroit-elle à la fin juſtifier Théſée?
Et vous mettant au rang du reſte des mortels
Vous a t elle forcé d'encenſer ſes autels?
Aimeriez-vous, Seigneur?

HIPPOLYTE.

    Amy, qu'oſes-tu dire?
Toy, qui connois mon cœur depuis que je reſpire,
Des ſentimens d'un cœur ſi fier, ſi dédaigneux,
Peus-tu me demander le deſaveu honteux?
C'eſt peu qu'avec ſon lait une Mere Amazone
M'ait fait ſuçer encor cet orgueil qni t'étonne.
Dans un âge plus meur moy-meſme parvenu
Je me ſuis applaudy, quand je me ſuis connu.
Attaché prés de moy par un zele ſincere
Tu me contois alors l'hiſtoire de mon Pere.
Tu ſçais combien mon ame attentive à ta voix
S'échauffoit au recit de ſes nobles exploits;
Quand tu me dépeignois ce Heros intrepide
Conſolant les Mortels de l'abſence d'Alcide;
Les Monſtres étouffez, & les Brigans punis,
Procruſte, Cercyon, & Scirron, & Sinnis,

& HIPPOLYTE.

Et les os dispersez du Geant d'Epidaure,
Et la Crete fumant du sang du Minotaure.
Mais quand tu recitois des faits moins glorieux,
Sa foy par tout offerte, & receuë en cent lieux;
Helene à ses parens dans Sparte dérobée,
Salamine témoin des pleurs de Péribée,
Tant d'autres, dont les noms luy sont mesme échapez,
Trop credules esprits que sa flâme a trompez;
Ariane aux rochers contant ses injustices,
Phedre enlevée enfin sous de meilleurs auspices;
Tu sçais, comme à regret écoutant ce discours,
Je te pressois souvent d'en abreger le cours,
Heureux! si j'avois pû ravir à la Memoire
Cette indigne moitié d'une si belle Histoire.
Et moy-mesme à mon tour je me verrois lié?
Et les Dieux jusques-là m'auroient humilié?
Dans mes lâches soûpirs d'autant plus méprisable,
Qu'un long amas d'honneurs rend Thesée excusable,
Qu'aucuns Mostres par moy dontez jusqu'aujourd'huy
Ne m'ont acquis le droit de faillir comme luy.
Quand mesme ma fierté pourroit s'estre adoucie,
Aurois je pour vainqueur dû choisir Aricie?
Ne souviendroit-il plus à mes sens égarez
De l'obstacle éternel qui nous a separez.
Mon Pere la reprouve, & par des loix severes
Il défend de donner des Neveux à ses Freres.
D'une Tige coupable il craint un Rejetton.
Il veut avec leur Sœur ensevelir leur nom,
Et que jusqu'au tombeau soûmise à sa tutelle
Jamais les feux d'Hymen ne s'allument pour elle.
Dois-je espouser ses droits contre un Pere irrité?
Donneray-je l'exemple à la temerité?
Et dans un fol amour ma jeunesse embarquée...

THERAMENE.
Ah, Seigneur! Si vostre heure est une fois marquée,

PHEDRE

Le Ciel de nos raisons ne sçait point s'informer.
Théſée ouvre vos yeux en voulant les fermer,
Et ſa haine irritant une flâme rebelle,
Preſte à ſon Ennémie une grace nouvelle.
Enfin d'un chaſte amour pourquoy vous effrayer?
S'il a quelque douceur n'oſez vous l'eſſayer?
En croirez-vous toûjours un farouche ſcrupule?
Craint-on de s'égarer ſur les traces d'Hercule?
Quels courages Venus n'a t elle pas dontez!
Vous meſme où ſeriez vous, vous qui la combattez,
Si toûjours Antiope à ſes lois oppoſée
D'une pudique ardeur n'euſt brûlé pour Theſée?
Mais que ſert d'affecter un ſuperbe diſcours?
Avoüez-le, tout change. Et depuis quelques jours
On vous voit moins ſouvent, orgueilleux, & ſauvage,
Tantoſt faire voler un char ſur le rivage,
Tantoſt ſçavant dans l'art par Neptune inventé,
Rendre docile au frein un Courſier indonté.
Les foreſts de nos cris moins ſouvent retentiſſent.
Chargez d'un feu ſecret vos yeux s'appeſantiſſent.
Il n'en faut point douter, vous aimez, vous brûlez.
Vous periſſez d'un mal que vous diſſimulez.
La charmante Aricie a-t elle ſceu vous plaire?

HIPPOLYTE.

Theramene, je pars, & vais chercher mon Pere.

THERAMENE.

Ne verrez-vous point Phedre avant que de partir,
Seigneur?

HIPPOLYTE.

C'eſt mon deſſein, tu peus l'en avertir.
Voyons-la, puis qu'ainſi mon devoir me l'ordonne.
Mais quel nouveau malheur trouble ſa chere Oenone.

SCENE II.

HIPPOLYTE, OENONE, THERAMENE.

OENONE.

Helas, Seigneur ! quel trouble au mien peut estre
égal ?
La Reine touche presque à son terme fatal.
En vain à l'observer jour & nuit je m'attache,
Elle meurt dans mes bras d'un mal qu'elle me cache.
Un desordre éternel regne dans son esprit.
Son chagrin inquiet l'arrache de son lit.
Elle veut voir le jour. Et sa douleur profonde
M'ordonne toutefois d'écarter tout le monde.
Elle vient.

HIPPOLYTE.

Il suffit, je la laisse en ces lieux,
Et ne luy montre point un visage odieux.

SCENE III.

PHEDRE, OENONE.

PHEDRE.

N'Allons point plus avant. Demeurons, chere Oenone.
Je ne me soûtiens plus. Ma force m'abandonne.
Mes yeux sont éblouïs du jour que je revoy,
Et mes genoux tremblans se dérobent sous moy.
Helas !   *Elle s'assit.*

OENONE.

Dieux tout-puissans ! que nos pleurs vous appaisent.

PHEDRE.

Que ces vains ornemens, que ces voiles me pesent !
Quelle importune main, en formant tous ces nœuds,
A pris soin sur mon front d'assembler mes cheveux ?
Tout m'afflige, & me nuit, & conspire à me nuire.

OENONE.

Comme on voit tous ses vœux l'un l'autre se détruire !
Vous mesme condannant vos injustes desseins,
Tantost à vous parer vous excitiez nos mains,
Vous-mesme rappellant vostre force premiere,
Vous vouliez vous montrer & revoir la lumiere,

& HIPPOLYTE.

Vous la voyez, Madame, & preste à vous cacher,
Vous haïssez le jour que vous veniez chercher?

PHEDRE.

Noble & brillant Auteur d'une triste Famille,
Toy, dont ma Mere osoit se vanter d'estre Fille,
Qui peut estre rougis du trouble où tu me vois,
Soleil, je te viens voir pour la derniere fois.

OENONE.

Quoy? vous ne perdrez point cette cruelle envie?
Vous verray-je toûjours renonçant à la vie
Faire de vostre mort les funestes apprests?

PHEDRE.

Dieux! Que ne suis-je assise à l'ombre des forests!
Quand pourray-je au travers d'une noble poussiere
Suivre de l'œil un char fuyant dans la carriere!

OENONE.

Quoy, Madame?

PHEDRE.

Insensée, où suis-je? & qu'ay-je dit?
Où laissay-je égarer mes vœux, & mon esprit?
Je l'ay perdu. Les Dieux m'en ont ravi l'usage.
Oenone, la rougeur me couvre le visage,
Je te laisse trop voir mes honteuses douleurs,
Et mes yeux malgré moy se remplissent de pleurs.

OENONE.

Ah! s'il vous faut rougir, rougiſſez d'un ſilence,
Qui de vos maux encore aigrit la violence.
Rebelle à tous nos ſoins, ſourde à tous nos diſcours,
Voulez vous ſans pitié laiſſer finir vos jours?
Quelle fureur les borne au milieu de leur courſe?
Quel charme ou quel poiſon en a tari la ſource?
Les ombres par trois fois ont obſcurci les Cieux,
Depuis que le ſommeil n'eſt entré dans vos yeux,
Et le jour a trois fois chaſſé la nuit obſcure,
Depuis que voſtre corps languit ſans nourriture.
A quel affreux deſſein vous laiſſez-vous tenter?
De quel droit ſur vous-meſme oſez vous attenter?
Vous offenſez les Dieux auteurs de voſtre vie,
Vous trahiſſez l'Epoux à qui la foy vous lie,
Vous trahiſſez enfin vos Enfans malheureux,
Que vous précipitez ſous un joug rigoureux.
Songez qu'un meſme jour leur ravira leur Mere,
Et rendra l'eſperance au Fils de l'Etrangere,
A ce fier Ennemy de vous, de voſtre ſang,
Ce Fils qu'une Amazone a porté dans ſon flanc,
Cet Hippolyte...

PHEDRE.

Ah dieux!

OENONE.

Ce reproche vous touche?

PHEDRE.

Malheureuſe, quel nom eſt ſorti de ta bouche?

& HIPPOLYTE.

OENONE.

Hé bien, vostre colere éclate avec raison.
J'aime à vous voir fremir à ce funeste nom.
Vivez donc. Que l'amour, le devoir vous excite,
Vivez, ne souffrez pas que le Fils d'une Scythe,
Accablant vos Enfans d'un empire odieux,
Commande au plus beau sang de la Grece, & des Dieux.
Mais ne differez point, chaque moment vous tuë.
Reparez promptement vostre force abbatuë,
Tandis que de vos jours prests à se consumer
Le flambeau dure encore, & peut se rallumer.

PHEDRE.

J'en ay trop prolongé la coupable durée.

OENONE.

Quoy ? de quelques remords estes vous déchirée ?
Quel crime a pû produire un trouble si pressant ?
Vos mains n'ont point trempé dans le sang innocent ?

PHEDRE.

Graces au Ciel, mes mains ne sont point criminelles.
Plust aux Dieux que mon cœur fust innocent comme
   elles !

OENONE.

Et quel affreux projet avez vous enfanté,
Dont vostre cœur encor doive estre épouvanté ?

PHEDRE.

Je t'en ay dit assez, Epargne moy le reste.
Je meurs, pour ne point faire un aveu si funeste.

PHEDRE

OENONE.

Mourez donc, & gardez un silence inhumain,
Mais pour fermer vos yeux cherchez une autre main.
Quoy qu'il vous reste à peine une foible lumiere,
Mon ame chez les morts descendra la premiere.
Mille chemins ouverts y conduisent toûjours,
Et ma juste douleur choisira les plus courts.
Cruelle, quand ma foy vous a-t-elle deceuë?
Songez-vous qu'en naissant mes bras vous ont receuë?
Mon Païs, mes Enfans, pour vous j'ay tout quitté.
Reserviez vous ce prix à ma fidelité?

PHEDRE.

Quel fruit esperes-tu de tant de violence?
Tu fremiras d'horreur si je romps le silence.

OENONE.

Et que me direz-vous, qui ne cede, grands Dieux!
A l'horreur de vous voir expirer à mes yeux?

PHEDRE.

Quand tu sçauras mon crime, & le sort qui m'accable,
Je n'en mourray pas moins, j'en mourray plus coupable.

OENONE.

Madame, au nom des pleurs que pour vous j'ay versez,
Par vos foibles genoux que je tiens embrassez,
Délivrez mon esprit de ce funeste doute.

PHEDRE.

Tu le veux. Leve-toy.

OENONE.

Parlez. Je vous écoute.

PHEDRE.

PHEDRE.

Ciel! que luy vais-je dire! Et par où commencer?

OENONE.

Par de vaines frayeurs cessez de m'offenser.

PHEDRE.

O haine de Venus! O fatale colere!
Dans quels égaremens l'amour jetta ma Mere!

OENONE.

Oublions les, Madame. Et qu'à tout l'avenir
Un silence éternel cache ce souvenir.

PHEDRE.

Ariane ma Sœur! De quel amour blessée,
Vous mourustes aux bords où vous fustes laissée!

OENONE.

Que faites-vous, Madame? Et quel mortel ennuy
Contre tout vostre sang vous anime aujourd'huy?

PHEDRE.

Puisque Venus le veut, de ce sang deplorable
Je peris la derniere, & la plus miserable.

PHEDRE

OENONE.

Aimez-vous ?

PHEDRE.

De l'amour j'ay toutes les fureurs.

OENONE.

Pour qui ?

PHEDRE.

Tu vas oüir le comble des horreurs.
J'aime... à ce nom fatal je tremble, je friſſonne.
J'aime...

OENONE.

Qui ?

PHEDRE.

Tu connois ce Fils de l'Amazone,
Ce Prince ſi long-temps par moy-meſme opprimé.

OENONE.

Hippolyte ? Grands Dieux !

PHEDRE.

C'eſt toy qui l'as nommé.

OENONE.

Juſte Ciel ! Tout mon ſang dans mes veines ſe glace.
O deſeſpoir ! O crime ! O deplorable Race !

Voyage infortuné ! Rivage malheureux,
Falloit-il approcher de tes bords dangereux ?

PHEDRE.

Mon mal vient de plus loin. A peine au Fils d'Egée,
Sous les loix de l'Hymen je m'estois engagée,
Mon repos, mon bon heur sembloit estre affermi,
Athenes me montra mon superbe Ennemi.
Je le vis, je rougis, je palis à sa veuë.
Un trouble s'éleva dans mon ame esperduë.
Mes yeux ne voyoient plus, je ne pouvois parler,
Je sentis tout mon corps & transir, & brûler.
Je reconnus Venus, & ses feux redoutables,
D'un sang qu'elle poursuit tourmens inévitables.
Par des vœux assidus je crus les détourner,
Je luy bâtis un Temple, & pris soin de l'orner.
De victimes moy-mesme à toute heure entourée,
Je cherchois dans leurs flancs ma raison égarée.
D'un incurable amour remedes impuissans !
En vain sur les Autels ma main brûloit l'encens.
Quand ma bouche imploroit le nom de la Déesse,
J'adorois Hippolyte, & le voyant sans cesse,
Mesme au pié des Autels que je faisois fumer,
J'offrois tout à ce Dieu, que je n'osois nommer.
Je l'évitois partout. O comble de misere !
Mes yeux le retrouvoient dans les traits de son Pere.
Contre moy-mesme enfin j'osay me revolter,
J'excitay mon courage à le persecuter.
Pour bannir l'Ennemy dont j'estois idolatre,
J'affectay les chagrins d'une injuste Marastre,
Je pressay son exil, & mes cris éternels
L'arracherent du sein, & des bras paternels.
Je respirois, Oenone. Et depuis son absence
Mes jours moins agitez couloient dans l'innocence.

B ij

Soûmise à mon Epoux, & cachant mes ennuis,
De son fatal hymen je cultivois les fruits.
Vaines précautions! Cruelle Destinée!
Par mon Epoux lui mesme à Trézene amenée
J'ay reveû l'Ennemi que j'avois éloigné.
Ma blessûre trop vive aussi-tost a saigné.
Ce n'est plus une ardeur dans mes veines cachée,
C'est Venus toute entiere à sa proye attachée.
J'ay conceu pour mon crime une juste terreur.
J'ay pris la vie en haine, & ma flâme en horreur.
Je voulois en mourant prendre soin de ma gloire,
Et dérober au jour une flâme si noire.
Je n'ay pû soûtenir tes larmes, tes combats.
Je t'ay tout avoüé, je ne m'en repens pas,
Pourveu que de ma mort respectant les approches
Tu ne m'affliges plus par d'injustes reproches,
Et que tes vains secours cessent de rappeller
Un reste de chaleur, tout prest à s'exhaler.

SCENE IV.

PHEDRE, OENONE, PANOPE.

PANOPE.

JE voudrois vous cacher une triste nouvelle,
Madame. Mais il faut que je vous la revele.
La mort vous a ravi vostre invincible Epoux,
Et ce malheur n'est plus ignoré que de vous.

OENONE.

Panope, que dis-tu ?

PANOPE.

Que la Reine abusée
En vain demande au ciel le retour de Thesée,
Et que par des Vaisseaux arrivez dans le Port
Hippolyte son Fils vient d'aprendre sa mort.

PHEDRE.

Ciel !

PANOPE.

Pour le choix d'un Maistre Athenes se partage.
Au Prince vostre Fils l'un donne son suffrage,
Madame, & de l'Etat l'autre oubliant les lois
Au Fils de l'Etrangere ose donner sa voix.
On dit mesme qu'au trône une brigue insolente
Veut placer Aricie, & le sang de Pallante.
J'ay cru de ce peril vous devoir avertir.
Déja mesme Hippolyte est tout prest à partir.
Et l'on craint, s'il paroist dans ce nouvel orage,
Qu'il n'entraisne apres lui tout un Peuple volage.

OENONE.

Panope, c'est assez. La Reine qui t'entend,
Ne negligera point cet avis important.

SCENE V.

PHEDRE, OENONE.

OENONE.

MAdame, je ceſſois de vous preſſer de vivre.
Déja meſme au tombeau je ſongeois à vous ſuivre.
Pour vous en détourner je n'avois plus de voix.
Mais ce nouveau malheur vous preſcrit d'autres loix.
Voſtre fortune change & prend une autre face.
Le Roy n'eſt plus, Madame, il faut prendre ſa place.
Sa mort vous laiſſe un Fils à qui vous vous devez,
Eſclave, s'il vous perd, & Roy, ſi vous vivez.
Sur qui dans ſon malheur voulez vous qu'il s'appuye ?
Ses larmes n'auront plus de main qui les eſſuye,
Et ſes cris innocens portez juſques aux Dieux,
Iront contre ſa Mere irriter ſes Ayeux.
Vivez, vous n'avez plus de reproche à vous faire.
Voſtre flâme devient une flâme ordinaire.
Theſée en expirant vient de rompre les nœuds,
Qui faiſoient tout le crime & l'horreur de vos feux.
Hippolyte pour vous devient moins redoutable,
Et vous pouvez le voir ſans vous rendre coupable.
Peuteſtre convaincu de voſtre averſion
Il va donner un Chef à la ſedition.
Détrompez ſon erreur, fléchiſſez ſon courage.
Roy de ces bords heureux, Trézene eſt ſon partage.

& HIPPOLYTE.

Mais il sçait que les lois donnent à voſtre Fils
Les ſuperbes Remparts que Minerve a baſtis.
Vous avez l'un & l'autre une juſte Ennemie.
Uniſſez-vous tous deux pour combattre Aricie.

PHEDRE.

Hé bien ! A tes conſeils je me laiſſe entraîner.
Vivons, ſi vers la vie on peut me ramener,
Et ſi l'amour d'un fils en ce moment funeſte
De mes foibles eſprits peut ranimer le reſte.

Fin du premier Acte.

ACTE II.

SCENE PREMIERE.

ARICIE, ISMENE.

ARICIE.

Hippolyte demande à me voir en ce lieu?
Hippolyte me cherche, & veut me dire adieu?
Ismene, dis-tu vray? N'es-tu point abusée?

ISMENE.

C'est le premier effet de la mort de Thesée.
Preparez-vous, Madame, à voir de tous costez
Voler vers vous les cœurs par Thesée écartez.
Aricie à la fin de son sort est maistresse,
Et bientost à ses piez verra toute la Grece.

ARICIE.

Ce n'est donc point, Ismene, un bruit mal affermi.
Je cesse d'estre esclave, & n'ay plus d'Ennemi?

ISMENE.

Non, Madame, les Dieux ne vous sont plus contraires,
Et Thesée a rejoint les Manes de vos Freres.

& HIPPOLYTE.

ARICIE.

Dit-on quelle avanture a terminé ses jours ?

ISMENE.

On seme de sa mort d'incroyables discours.
On dit que Ravisseur d'une Amante nouvelle
Les flots ont englouti cet Epoux infidelle.
On dit mesme, & ce bruit est partout répandu,
Qu'avec Pirithoüs aux Enfers descendu
Il a veû le Cocyte & les Rivages sombres,
Et s'est montré vivant aux infernales Ombres,
Mais qu'il n'a pu sortir de ce triste sejour,
Et repasser les bords, qu'on passe sans retour.

ARICIE.

Croiray-je qu'un Mortel avant sa derniere heure
Peut penetrer des morts la profonde demeure ?
Quel charme l'attiroit sur ces bords redoutez ?

ISMENE.

Thesée est mort, Madame, & vous seule en doutez,
Athenes en gemit, Trézene en est instruite,
Et déja pour son Roy reconnoist Hippolyte.
Phedre dans ce Palais tremblante pour son Fils,
De ses Amis troublez demande les avis.

ARICIE.

Et tu crois que pour moy plus humain que son Pere
Hippolyte rendra ma chaisne plus legere ?

Qu'il plaindra mes malheurs ?

ISMENE.
Madame, je le croy.

ARICIE.

L'insensible Hippolyte est-il connu de toy ?
Sur quel frivole espoir penses-tu qu'il me plaigne,
Et respecte en moy seule un sexe qu'il dédaigne ?
Tu vois depuis quel temps il évite nos pas,
Et cherche tous les lieux où nous ne sommes pas.

ISMENE.

Je sçay de ses froideurs tout ce que l'on recite.
Mais j'ay veû prés de vous ce superbe Hippolyte,
Et mesme en le voyant le bruit de sa fierté
A redoublé pour luy ma curiosité.
Sa presence à ce bruit n'a point paru répondre.
Dés vos premiers regards je l'ay veû se confondre.
Ses yeux, qui vainement vouloient vous éviter,
Déja pleins de langueur ne pouvoient vous quitter.
Le nom d'Amant peut-estre offense son courage.
Mais il en a les yeux, s'il n'en a le langage.

ARICIE.

Que mon cœur, chere Ismene, écoute avidement
Un discours, qui peuteſtre a peu de fondement !
O toy ! qui me connois, te sembloit-il croyable
Que le triste joüet d'un sort impitoyable,
Un cœur toujours nourri d'amertume & de pleurs,
Dust connoistre l'amour, & ses folles douleurs ?
Reste du sang d'un Roy, noble Fils de la Terre,
Je suis seule échapée aux fureurs de la Guerre.

J'ay perdu dans la fleur de leur jeune saison
Six freres, quel espoir d'une illustre Maison !
Le fer moissonna tout, & la Terre humectée
But à regret le sang des Neveux d'Erectée.
Tu sçais depuis leur mort quelle severe loy
Défend à tous les Grecs de soûpirer pour moy.
On craint que de la Sœur les flâmes temeraires
Ne raniment un jour la cendre de ses Freres.
Mais tu sçais bien aussi de quel œil dédaigneux
Je regardois ce soin d'un Vainqueur soupçonneux.
Tu sçais que de tout temps à l'Amour opposée
Je rendois souvent grace à l'injuste Thesée
Dont l'heureuse rigueur secondoit mes mépris.
Mes yeux alors, mes yeux n'avoient pas veû son Fils
Non que par les yeux seuls laschement enchantée
J'aime en luy sa beauté, sa grace tant vantée,
Présens dont la Nature a voulu l'honorer,
Qu'il méprise luy-mesme, & qu'il semble ignorer.
J'aime, je prise en luy de plus nobles richesses,
Les vertus de son Pere, & non point les foiblesses.
J'aime, je l'avoûray, cet orgueil genereux
Qui jamais n'a fléchi sous le joug amoureux.
Phedre en vain s'honoroit des soûpirs de Thesée.
Pour moy, je suis plus fiere, & fuy la gloire aisée
D'arracher un hommage à mille autres offert,
Et d'entrer dans un cœur de toutes parts ouvert.
Mais de faire fléchir un courage inflexible,
De porter la douleur dans une ame insensible,
D'enchaisner un Captif de ses fers étonné,
Contre un joug qui luy plaist vainement mutiné,
C'est là ce que je veux, c'est là ce qui m'irrite.
Hercule à desarmer coustoit moins qu'Hippolyte,
Et vaincu plus souvent, & plustost surmonté
Préparoit moins de gloire aux yeux qui l'ont donté.
Mais, chere Ismene, helas ! quelle est mon imprudence !
On ne m'opposera que trop de resistance.

Tu m'entendras peuteftre, humble dans mon ennui,
Gemir du mefme orgueil que j'admire aujourd'hui.
Hippolyte aimeroit ? Par quel bonheur extrême
Auroisje pû fléchir . . .

ISMENE.

Vous l'entendrez luy-mefme.
Il vient à vous.

SCENE II.
HIPPOLYTE, ARICIE, ISMENE.

HIPPOLYTE.

Madame, avant que de partir,
J'ay crû de voftre fort vous devoir avertir.
Mon Pere ne vit plus. Ma jufte défiance
Préfageoit les raifons de fa trop longue abfence.
La mort feule bornant fes travaux éclatans
Pouvoit à l'Univers le cacher fi long-temps.
Les Dieux livrent enfin à la Parque homicide
L'Ami, le Compagnon, le Succeffeur d'Alcide.
Je croy que voftre haine, épargnant fes vertus,
Ecoute fans regret ces noms qui luy font dûs.
Un efpoir adoucit ma trifteffe mortelle,
Je puis vous affranchir d'une auftere tutelle.

& HIPPOLYTE.

Je revoque des loix dont j'ay plaint la rigueur,
Vous pouvez disposer de vous, de vostre cœur.
Et dans cette Trézene aujourd'hui mon partage,
De mon ayeul Pitthée autrefois l'heritage,
Qui m'a sans balancer reconnu pour son Roy,
Je vous laisse aussi libre, & plus libre que moy.

ARICIE.

Moderez des bontez, dont l'excés m'embarrasse,
D'un soin si genereux honorer ma disgrace,
Seigneur, c'est me ranger, plus que vous ne pensez,
Sous ces austeres loix, dont vous me dispensez.

HIPPOLYTE.

Du choix d'un Successeur Athenes incertaine
Parle de vous, me nomme, & le Fils de la Reine.

ARICIE.

De moy, Seigneur ?

HIPPOLYTE.

          Je sçay, sans vouloir me flatter,
Qu'une superbe loy semble me rejetter.
La Grece me reproche une Mere étrangere.
Mais si pour Concurrent je n'avois que mon Frere,
Madame, j'ay sur luy de veritables droits
Que je sçaurois sauver du caprice des loix.
Un frein plus legitime arreste mon audace,
Je vous cede, ou plustost je vous rends une place,
Un Sceptre, que jadis vos Ayeux ont receû
De ce fameux Mortel que la Terre a conceû.

C

L'adoption le mit entre les mains d'Egée.
Athenes par mon Pere accruë, & protegée
Reconnut avec joye un Roy si genereux,
Et laissa dans l'oubli vos Freres malheureux.
Athenes dans ses murs maintenant vous rappelle,
Assez elle a gemy d'une longue querelle
Assez dans ses sillons vostre sang englouti
A fait fumer le champ dont il estoit sorti.
Trézene m'obeït. Les campagnes de Crete
Offrent au Fils de Phedre une riche retraite.
L'Attique est vostre bien. Je pars, & vais pour vous
Réünir tous les vœux partagez entre nous.

ARICIE.

De tout ce que j'entens étonnée & confuse
Je crains presque, je crains qu'un songe ne m'abuse.
Veillay-je ? Puisje croire un semblable dessein ?
Quel Dieu, Seigneur, quel Dieu l'a mis dans vôtre sein?
Qu'à bon droit vostre gloire en tous lieux est semée !
Et que la Verité passe la Renommée !
Vous-mesme en ma faveur vous voulez vous trahir ?
N'estoit-ce pas assez de ne me point haïr ?
Et d'avoir si long-temps pu défendre vostre ame
De cette inimitié . . .

HIPPOLYTE.

            Moy, vous haïr, Madame?
Avec quelques couleurs qu'on ait peint ma fierté,
Croit-on que dans ses flancs un Monstre m'ait porté?
Quelles sauvages mœurs, quelle haine endurcie
Pourroit, en vous voyant, n'estre point adoücie ?
Ay-je pu resister au charme decevant . . .

ARICIE.

Quoy, Seigneur ?

HIPPOLYTE.

         Je me suis engagé trop avant.

Je voy que la raison cede à la violence.
Puisque j'ay commencé de rompre le silence,
Madame, il faut poursuivre. Il faut vous informer
D'un secret, que mon cœur ne peut plus renfermer.
 Vous voyez devant vous un Prince déplorable,
D'un temeraire orgueil exemple memorable.
Moy, qui contre l'Amour fierement revolté,
Aux fers de ses Captifs ay long-temps insulté,
Qui des foibles mortels déplorant les naufrages,
Pensois tousjours du bord contempler les orages,
Asservi maintenant sous la commune loy,
Par quel trouble me vois je emporté loin de moy !
Un moment a vaincu mon audace imprudente.
Cette ame si superbe est enfin dépendante.
Depuis prés de six mois honteux, desesperé,
Portant partout le trait, dont je suis déchiré,
Contre vous, contre moy vainement je m'éprouve.
Présente je vous fuis, absente je vous trouve.
Dans le fond des forests vostre image me suit.
La lumiere du jour, les ombres de la nuit,
Tout retrace à mes yeux les charmes que j'évite,
Tout vous livre à l'envy le rebelle Hippolyte.
Moy-mesme pour tout fruit de mes soins superflus,
Maintenant je me cherche, & ne me trouve plus.
Mon arc, mes javelots, mon char, tout m'importune.
Je ne me souviens plus des leçons de Neptune.
Mes seuls gemissemens font retentir les bois,
Et mes Coursiers oisifs ont oublié ma voix.
 Peuteslre le recit d'un amour si sauvage
Vous fait en m'écoutant rougir de vostre ouvrage.
D'un cœur qui s'offre à vous quel farouche entretien !
Quel étrange Captif pour un si beau lien !
Mais l'offrande à vos yeux en doit estre plus chere.
Songez que je vous parle une langue étrangere,
Et ne rejettez pas des vœux mal exprimez,
Qu'Hippolyte sans vous n'auroit jamais formez.

SCENE III.

HIPPOLYTE, ARICIE, THERAMENE, ISMENE.

THERAMENE.

Seigneur, la Reine vient, & je l'ay devancée;
Elle vous cherche.

HIPPOLYTE.

Moy?

THERAMENE.

J'ignore sa pensée,
Mais on vous est venu demander de sa part.
Phedre veut vous parler avant vostre départ.

HIPPOLYTE.

Phedre? Que luy diray-je? Et que peut-elle attendre…

ARICIE.

Seigneur, vous ne pouvez refuser de l'entendre,
Quoy que trop convaincu de son inimitié,
Vous devez à ses pleurs quelque ombre de pitié.

HIPPOLYTE.

Cependant vous fortez. Et je pars. Et j'ignore
Si je n'offenſe point les charmes que j'adore.
J'ignore ſi ce cœur que je laiſſe en vos mains

ARICIE.

Partez, Prince, & ſuivez vos genereux deſſeins,
Rendez de mon pouvoir Athenes tributaire.
J'accepte tous les dons que vous me voulez faire,
Mais cet Empire enfin ſi grand, ſi glorieux,
N'eſt pas de vos preſens le plus cher à mes yeux.

SCENE IV.

HIPPOLYTE, THERAMENE.

HIPPOLYTE.

A My, tout eſt-il preſt ? Mais la Reine s'avance.
Va, que pour le départ tout s'arme en diligence.
Fay donner le ſignal, cours, ordonne, & revien,
Me delivrer bientoſt d'un fâcheux entretien.

SCENE V.
PHEDRE, HIPPOLYTE, OENONE.

PHEDRE à Oenone.

Le voici. Vers mon cœur tout mon sang se retire.
J'oublie, en le voyant, ce que je viens luy dire.

OENONE.

Souvenez-vous d'un Fils qui n'espere qu'en vous.

PHEDRE.

On dit qu'un prompt depart vous éloigne de nous,
Seigneur. A vos douleurs je viens joindre mes larmes.
Je vous viens pour un Fils expliquer mes allarmes.
Mon Fils n'a plus de Pere, & le jour n'est pas loin
Qui de ma mort encor doit le rendre témoin.
Déja mille Ennemis attaquent son enfance.
Vous seul pouvez contr'eux embrasser sa défense.
Mais un secret remord agite mes esprits.
Je crains d'avoir fermé vostre oreille à ses cris.
Je tremble que sur luy vostre juste colere
Ne poursuive bientost une odieuse Mere.

HIPPOLYTE.

Madame, je n'ay point des sentimens si bas.

PHEDRE.

Quand vous me haïriez je ne m'en plaindrois pas,

& HIPPOLYTE.

Seigneur, Vous m'avez veuë attachée à vous nuire.
Dans le fond de mon cœur vous ne pouviez pas lire.
A vostre inimitié j'ay pris soin de m'offrir.
Aux bords que j'habitois je n'ay pu vous souffrir.
En public, en secret contre vous declarée,
J'ay voulu par des mers en estre separée.
J'ay mesme défendu par une expresse loy
Qu'on osast prononcer vostre Nom devant moy.
Si pourtant à l'offense on mesure la peine,
Si la haine peut seule attirer vostre haine,
Jamais Femme ne fut plus digne de pitié,
Et moins digne, Seigneur, de vostre inimitié.

HIPPOLYTE.

Des droits de ses Enfans une Mere jalouse
Pardonne rarement au Fils d'une autre Epouse.
Madame, je le sçay. Les soupçons importuns
Sont d'un second hymen les fruits les plus communs.
Toute autre auroit pour moy pris les mesmes ombrages,
Et j'en aurois peuteftre essuyé plus d'outrages.

PHEDRE.

Ah, Seigneur ! Que le Ciel, j'ose icy l'attester,
De cette loy commune a voulu m'excepter.
Qu'un soin bien different me trouble, & me devore!

HIPPOLYTE.

Madame, il n'est pas temps de vous troubler encore.
Peuteftre vostre Epoux voit encore le jour.
Le Ciel peut à nos pleurs accorder son retour.
Neptune le protege, & ce Dieu tutelaire
Ne sera pas en vain imploré par mon Pere.

C iiij

PHEDRE.

On ne voit point deux fois le Rivage des morts,
Seigneur. Puisque Thesée a veû les sombres bords,
En vain vous esperez qu'un Dieu vous le renvoye,
Et l'avare Acheron ne lâche point sa proye.
Que disje? Il n'est point mort, puisqu'il respire en vous.
Tousjours devant mes yeux je croy voir mon Epoux.
Je le voy, je luy parle, & mon cœur... Je m'égare,
Seigneur, ma folle ardeur malgré moy se declare.

HIPPOLYTE.

Je voy de vostre amour l'effet prodigieux.
Tout mort qu'il est, Thesée est présent à vos yeux.
Tousjours de son amour vostre ame est embrasée.

PHEDRE.

Oüy, Prince, je languis, je brule pour Thesée.
Je l'aime, non point tel que l'ont veû les Enfers,
Volage adorateur de mille objets divers,
Qui va du Dieu des Morts deshonorer la couche;
Mais fidelle, mais fier, & mesme un peu farouche,
Charmant, jeune, traisnant tous les cœurs apres soy,
Tel qu'on dépeint nos Dieux, ou tel que je vous voy.
Il avoit vostre port, vos yeux, vostre langage.
Cette noble pudeur coloroit son visage,
Lorsque de nostre Crete il traversa les flots,
Digne sujet des vœux des filles de Minos.
Que faisiez-vous alors? Pourquoy sans Hippolyte
Des Heros de la Grece assembla-t-il l'élite?
Pourquoy trop jeune encor ne pustes-vous alors
Entrer dans le Vaisseau qui le mit sur nos bords?
Par vous auroit peri le Monstre de la Crete,
Malgré tous les détours de sa vaste Retraite.

Pour en développer l'embarras incertain
Ma sœur du fil fatal eust armé vostre main.
Mais non, dans ce dessein je l'aurois devancée.
L'Amour m'en eust d'abord inspiré la pensée.
C'est moy, Prince, c'est moy dont l'utile secours
Vous eust du Labyrinthe enseigné les détours.
Que de soins m'eust coustez cette Teste charmante ?
Un fil n'eust point assez rasluré vostre Amante.
Compagne du peril qu'il vous falloit chercher,
Moy-mesme devant vous j'aurois voulu marcher,
Et Phedre au Labyrinthe avec vous descenduë,
Se seroit avec vous retrouvée, ou perduë.

HIPPOLYTE.

Dieux! Qu'est-ce que j'entens? Madame, oubliez-vous
Que Thesée est mon Pere, & qu'il est vostre Epoux ?

PHEDRE.

Et sur quoy jugez-vous que j'en perds la memoire,
Prince ? Auroisje perdu tout le soin de ma gloire ?

HIPPOLYTE.

Madame, pardonnez. J'avouë en rougissant,
Que j'accusois à tort un discours innocent.
Ma honte ne peut plus soutenir vostre veuë,
Et je vais...
PHEDRE.
    Ah! cruel, tu m'as trop entenduë.
Je t'en ay dit assez pour te tirer d'erreur.
Hé bien ! Connoy donc Phedre, & toute sa fureur.
J'aime. Ne pense pas qu'au moment que je t'aime,
Innocente à mes yeux je m'approuve moy-mesme,

Ny que du fol amour qui trouble ma raison
Ma lasche complaisance ait nourri le poison.
Objet infortuné des vangeances célestes,
Je m'abhorre encor plus que tu ne me détestes.
Les Dieux m'en sont témoins, ces Dieux qui dans mon flanc
Ont allumé le feu fatal à tout mon sang,
Ces Dieux qui se sont fait une gloire cruelle
De séduire le cœur d'une foible Mortelle.
Toy-mesme en ton esprit rappelle le passé.
C'est peu de t'avoir fuy, Cruel, je t'ay chassé.
J'ay voulu te paroistre odieuse, inhumaine.
Pour mieux te resister, j'ay recherché ta haine.
De quoy m'ont profité mes inutiles soins ?
Tu me haïssois plus, je ne t'aimois pas moins.
Tes malheurs te prêtoient encor de nouveaux charmes.
J'ay langui, j'ay seché, dans les feux, dans les larmes.
Il suffit de tes yeux pour t'en persuader,
Si tes yeux un moment pouvoient me regarder.
Que dis-je ? Cet aveu que je te viens de faire,
Cet aveu si honteux, le crois-tu volontaire ?
Tremblante pour un Fils que je n'osois trahir,
Je te venois prier de ne le point haïr.
Foibles projets d'un cœur trop plein de ce qu'il aime !
Helas ! je ne t'ay pu parler que de toy-mesme.
Vange-toy, puny-moy d'un odieux amour.
Digne Fils du Heros qui t'a donné le jour,
Delivre l'Univers d'un Monstre qui t'irrite.
La veuve de Thesée ose aimer Hippolyte ?
Croy-moy, ce Monstre affreux ne doit point t'échaper.
Voilà mon cœur. C'est là que ta main doit fraper.
Impatient déja d'expier son offense
Au devant de ton bras je le sens qui s'avance.
Frappe. Ou si tu le crois indigne de tes coups,
Si ta haine m'envie un supplice si doux,

& HIPPOLYTE.

Ou si d'un sang trop vil ta main seroit trempée,
Au defaut de ton bras preste-moy ton épée.
Donne.

OENONE.

Que faites-vous, Madame ? Justes Dieux !
Mais on vient. Evitez des témoins odieux.
Venez, rentrez, fuyez une honte certaine.

SCENE VI.
HIPPOLYTE, THERAMENE.

THERAMENE.

ES-ce Phedre qui fuit, ou plustost qu'on entraine ?
Pourquoy, Seigneur, pourquoy ces marques de
  douleur ?
Je vous voy sans épée, interdit, sans couleur.

HIPPOLYTE.

Theramene, fuyons. Ma surprise est extrême.
Je ne puis sans horreur me regarder moy-mesme.
Phedre... Mais non, grands Dieux ! Qu'en un
  profond oubli
Cet horrible secret demeure enseveli.

THERAMENE.

Si vous voulez partir, la voile est préparée.
Mais Athenes, Seigneur, s'est déja declarée.

Ses Chefs ont pris les voix de toutes ses Tribus,
Voſtre Frere l'emporte, & Phedre a le deſſus.

HIPPOLYTE.

Phedre?

THERAMENE.

Un Heraut chargé des volontez d'Athenes
De l'Eſtat en ſes mains vient remettre les reſnes.
Son Fils eſt Roy, Seigneur.

HIPPOLYTE.

Dieux, qui la connoiſſez,
Eſt-ce donc ſa vertu que vous recompenſez?

THERAMENE.

Cependant un bruit ſourd veut que le Roy reſpire.
On pretend que Theſée a paru dans l'Epire.
Mais moy qui l'y cherchay, Seigneur, je ſçay trop bien,

HIPPOLYTE.

N'importe, écoutons tout, & ne negligeons rien,
Examinons ce bruit, remontons à ſa ſource.
S'il ne merite pas d'interrompre ma courſe,
Partons, & quelque prix qu'il en puiſſe couſter,
Mettons le Sceptre aux mains dignes de le porter.

Fin du ſecond Acte.

ACTE III

ACTE III.
SCENE PREMIERE.
PHEDRE, OENONE.

PHEDRE.

AH ! que l'on porte ailleurs les honneurs qu'on m'envoye.
Importune, peux-tu souhaiter qu'on me voye ?
De quoy viens-tu flatter mon esprit desolé ?
Cache-moy bien pluftoft, je n'ay que trop parlé.
Mes fureurs au dehors ont ofé fe répandre.
J'ay dit ce que jamais on ne devoit entendre.
Ciel ! Comme il m'écoutoit ! Par combien de détours
L'infenfible a long-temps éludé mes difcours !
Comme il ne refpiroit qu'une retraite pronte !
Et combien fa rougeur a redoublé ma honte !
Pourquoy détournois-tu mon funefte deffein ?
Helas ! Quand fon épée alloit chercher mon fein,
A-t-il pâli pour moy ? Me l'a-t-il arrachée ?
Il fuffit que ma main l'ait une fois touchée,
Je l'ay renduë horrible à fes yeux inhumains,
Et ce fer malheureux profaneroit fes mains.

D

PHEDRE

OENONE.

Ainsi dans vos malheurs ne songeant qu'à vous plain-
dre,
Vous nourrissez un feu, qu'il vous faudroit éteindre.
Ne vaudroit-il pas mieux, digne sang de Minos,
Dans de plus nobles soins chercher vostre repos,
Contre un Ingrat qui plaist recourir à la fuite,
Regner, & de l'Estat embrasser la conduite !

PHEDRE.

Moy regner ! Moy ranger un Estat sous ma loy !
Quand ma foible raison ne regne plus sur moy,
Lors que j'ay de mes sens abandonné l'empire,
Quand sous un joug honteux à-peine je respire,
Quand je me meurs.

OENONE.

Fuyez.

PHEDRE.

Je ne le puis quitter.

OENONE.

Vous l'osastes bannir, vous n'osez l'éviter.

PHEDRE.

Il n'est plus temps. Il sçait mes ardeurs insensées,
De l'austere pudeur les bornes sont passées.

& HIPPOLYTE.

J'ay declaré ma honte aux yeux de mon Vainqueur,
Et l'espoir malgré moy s'est glissé dans mon cœur.
Toy-mesme rappellant ma force défaillante,
Et mon ame deja sur mes levres errante,
Par tes conseils flatteurs tu m'as sceu ranimer.
Tu m'as fait entrevoir que je pouvois l'aimer.

OENONE.

Helas! De vos malheurs innocente ou coupable,
De quoy pour vous sauver n'estois-je point capable!
Mais si jamais l'offense irrita vos esprits,
Pouvez-vous d'un superbe oublier les mépris?
Avec quels yeux cruels sa rigueur obstinée
Vous laissoit à ses pieds peu s'en faut prosternée!
Que son farouche orgueil le rendoit odieux!
Que Phedre en ce moment n'avoit-elle mes yeux!

PHEDRE.

Oenone, il peut quitter cet orgueil qui te blesse.
Nourri dans les forests, il en a la rudesse.
Hippolyte endurci par de sauvages lois
Entend parler d'amour pour la premiere fois.
Peuteftre sa surprise a causé son silence,
Et nos plaintes peuteftre ont trop de violence.

OENONE.

Songez qu'une Barbare en son sein l'a formé.

PHEDRE.

Quoy que Scythe & Barbare, elle a pourtant aimé.

D ij

OENONE.

Il a pour tout le sexe une haine fatale.

PHEDRE.

Je ne me verray point préferer de Rivale.
Enfin, tous tes conseils ne sont plus de saison.
Sers ma fureur, Oenone, & non point ma raison.
Il oppose à l'amour un cœur inaccessible.
Cherchons pour l'attaquer quelque endroit plus sensible.
Les charmes d'un Empire ont paru le toucher.
Athenes l'attiroit, il n'a pû s'en cacher.
Déja de ses vaisseaux la pointe estoit tournée,
Et la voile flottoit aux vents abandonnée.
Va trouver de ma part ce jeune ambitieux,
Oenone. Fay briller la couronne à ses yeux.
Qu'il mette sur son front le sacré diadéme.
Je ne veux que l'honneur de l'attacher moy-mesme.
Cedons-lui ce pouvoir que je ne puis garder.
Il instruira mon Fils dans l'art de commander.
Peuteste il voudra bien lui tenir lieu de Pere.
Je mets sous son pouvoir & le Fils & la Mere.
Pour le fléchir enfin tente tous les moyens.
Tes discours trouveront plus d'accez que les miens.
Presse, pleure, gemy, peins luy Phedre mourante.
Ne rougy point de prendre une voix suppliante.
Je t'avoüray de tout, je n'espere qu'en toy.
Va, j'attens ton retour pour disposer de moy.

SCENE II.

PHEDRE seule.

O Toy ! qui vois la honte où je suis descenduë,
Implacable Venus, suis-je assez confonduë ?
Tu ne sçaurois plus loin pousser ta cruauté.
Ton triomphe est parfait, tous tes traits ont porté.
Cruelle, si tu veux une gloire nouvelle,
Attaque un Ennemy qui te soit plus rebelle.
Hippolyte te fuit, & bravant ton courroux,
Jamais à tes Autels n'a fléchi les genoux.
Ton nom semble offenser ses superbes oreilles.
Déesse, vange-toy, nos causes sont pareilles.
Qu'il aime. Mais déja tu reviens sur tes pas,
Oenone ? On me déteste, on ne t'écoute pas.

SCENE III.

PHEDRE, OENONE.

OENONE.

IL faut d'un vain amour étouffer la pensée,
Madame. Rappellez vostre vertu passée.
Le Roy, qu'on a crû mort, va paroistre à vos yeux.
Thesée est arrivé. Thesée est en ces lieux.

PHEDRE

Le Peuple, pour le voir, court & se precipite.
Je sortois par vostre ordre, & cherchois Hippolyte,
Lors que jusques au ciel mille cris élancez...

PHEDRE.

Mon Epoux est vivant, Oenone, c'est assez.
J'ay fait l'indigne aveu d'un amour qui l'outrage.
Il vit. Je ne veux pas en sçavoir davantage.

OENONE.

Quoy?

PHEDRE.

Je te l'ay prédit, mais tu n'as pas voulu.
Sur mes justes remors tes pleurs ont prévalu.
Je mourois ce matin digne d'estre pleurée.
J'ay suivi tes conseils, je meurs deshonnorée.

OENONE.

Vous mourez?

PHEDRE.

Juste Ciel! Qu'ay-je fait aujourd'hui!
Mon Epoux va paroistre, & son Fils avec lui.
Je verray le témoin de ma flâme adultere
Observer de quel front j'ose aborder son Pere,
Le cœur gros de soûpirs, qu'il n'a point écoutez,
L'œil humide de pleurs, par l'Ingrat rebuttez.
Penses-tu que sensible à l'honneur de Thesée,
Il lui cache l'ardeur dont je suis embrasée?
Laissera-t-il trahir & son Pere & son Roy?
Pourra-t-il contenir l'horreur qu'il a pour moy?
Il se tairoit en vain. Je sçay mes perfidies,
Oenone, & ne suis point de ces Femmes hardies,

& HIPPOLYTE.

Qui gouſtant dans le crime une tranquille paix,
Ont ſceû ſe faire un front qui ne rougit jamais.
Je connoy mes fureurs, je les rappelle toutes.
Il me ſemble déja que ces murs, que ces voutes
Vont prendre la parole, & preſts à m'accuſer
Attendent mon Epoux, pour le deſabuſer.
Mourons. De tant d'horreurs qu'un trépas me délivre.
Eſ ce un malheur ſi grand que de ceſſer de vivre ?
La mort aux malheureux ne cauſe point d'effroy.
Je ne crains que le nom que je laiſſe aprés moy.
Pour mes triſtes Enfans quel affreux heritage !
Le ſang de Juppiter doit enfler leur courage.
Mais quelque juſte orgueil qu'inſpire un ſang ſi beau,
Le crime d'une Mere eſt un peſant fardeau.
Je tremble qu'un diſcours helas ! trop veritable
Un jour ne leur reproche une Mere coupable.
Je tremble qu'opprimez de ce poids odieux
L'un ny l'autre jamais n'oſe lever les yeux.

OENONE.

Il n'en faut point douter, je les plains l'un & l'autre.
Jamais crainte ne fut plus juſte que la voſtre.
Mais à de tels affronts pourquoy les expoſer ?
Pourquoy contre vous-meſme allez-vous dépoſer ?
C'en eſt fait. On dira que Phedre trop coupable
De ſon Epoux trahi fuit l'aſpect redoutable.
Hippolyte eſt heureux qu'aux dépens de vos jours
Vous-meſme en expirant appuyez ſes diſcours.
A voſtre Accuſateur que pourray-je répondre ?
Je ſeray devant luy trop facile à confondre.
De ſon triomphe affreux je le verray joüir,
Et conter voſtre honte à qui voudra l'oüir.
Ah ! que pluſtoſt du Ciel la flâme me dévore !
Mais ne me trompez point, vous eſt-il cher encore ?

PHEDRE.

De quel œil voyez-vous ce Prince audacieux ?

PHEDRE.

Je le voy comme un Monstre effroyable à mes yeux.

OENONE.

Pourquoy donc lui ceder une victoire entiere ?
Vous le craignez. Osez l'accuser la premiere
Du crime dont il peut vous charger aujourd'hui.
Qui vous démentira ? Tout parle contre lui.
Son épée en vos mains heureusement laissée,
Vostre trouble présent, vostre douleur passée,
Son Pere par vos cris dés long-temps prévenu,
Et déja son exil par vous-mesme obtenu.

PHEDRE.

Moy, que j'ose opprimer & noircir l'innocence ?

OENONE.

Mon zele n'a besoin que de vostre silence.
Tremblante comme vous j'en sens quelques remors.
Vous me verriez plus pronte affronter mille morts.
Mais puisque je vous perds sans ce triste remede,
Vostre vie est pour moy d'un prix à qui tout cede.
Je parleray. Thesée aigri par mes avis
Bornera sa vangeance à l'exil de son Fils.
Un Pere en punissant, Madame, est toujours Pere.
Un supplice leger suffit à sa colere.
Mais le sang innocent dust-il estre versé,
Que ne demande point vostre honneur menassé ?
C'est un tresor trop cher pour oser le commettre,
Quelque loy qu'il vous dicte il faut vous y soûmettre,

& HIPPOLYTE.

Madame, & pour sauver nostre Honneur combattu,
Il faut immoler tout, & mesme la Vertu.
On vient, je voy Thesée.

PHEDRE.

Ah! je vois Hippolyte.
Dans ses yeux insolens je voy ma perte écrite.
Fay ce que tu voudras, je m'abandonne à toy.
Dans le trouble où je suis je ne puis rien pour moy.

SCENE IV.

THESE'E, HIPPOLYTE, PHEDRE, OENONE, THERAMENE.

THESE'E.

La fortune à mes vœux cesse d'estre opposée,
Madame, & dans vos bras met...

PHEDRE.

Arrestez, Thesée,
Et ne profanez point des transports si charmans,
Je ne merite plus ces doux empressemens.
Vous estes offensé. La fortune jalouse
N'a pas en vostre absence épargné vostre Epouse
Indigne de vous plaire, & de vous approcher,
Je ne doy desormais songer qu'à me cacher.

SCENE V.

THESE'E, HIPPOLYTE, THERAMENE.

THESE'E.

Quel est l'étrange accüeil qu'on fait à vostre Pere,
Mon Fils ?

HIPPOLYTE.

Phedre peut seule expliquer ce mystere.
Mais si mes vœux ardans vous peuvent émouvoir,
Permettez-moy, Seigneur, de ne la plus revoir.
Souffrez que pour jamais le tremblant Hippolyte
Disparoisse des lieux que vostre Epouse habite.

THESEE.

Vous, mon Fils, me quitter ?

HIPPOLYTE.

Je ne la cherchois pas.
C'est vous qui sur ces bords conduisistes ses pas.
Vous daignastes, Seigneur, aux rives de Trézene
Confier en partant Aricie, & la Reine.
Je fus mesme chargé du soin de les garder.
Mais quels soins desormais peuvent me retarder ?

& HIPPOLYTE.

Assez dans les forests mon oisive jeunesse
Sur de vils ennemis a montré son adresse.
Ne pourray-je, en fuyant un indigne repos,
D'un sang plus glorieux teindre mes javelots ?
Vous n'aviez pas encore atteint l'âge où je touche,
Déja plus d'un Tyran, plus d'un Monstre farouche
Avoit de vostre bras senti la pesanteur.
Déja de l'Insolence heureux persecuteur
Vous aviez des deux Mers assuré les rivages.
Le libre voyageur ne craignoit plus d'outrages.
Hercule respirant sur le bruit de vos coups
Déja de son travail se reposoit sur vous.
Et moy, Fils inconnu d'un si glorieux Pere,
Je suis mesme encor loin des traces de ma Mere.
Souffrez que mon courage ose enfin s'occuper.
Souffrez, si quelque Monstre a pû vous échaper,
Que j'apporte à vos piez sa dépoüille honorable;
Ou que d'un beau trépas la memoire durable
Eternisant des jours si noblement finis,
Prouve à tout l'Avenir que j'estois vostre Fils.

THESEE.

Que vois-je? Quelle horreur dans ces lieux répanduë
Fait fuyr devant mes yeux ma Famille éperduë ?
Si je reviens si craint, & si peu desiré,
O Ciel ! de ma prison pourquoy m'as-tu tiré ?
Je n'avois qu'un Ami. Son imprudente flâme
Du Tyran de l'Epire alloit ravir la Femme.
Je servois à-regret ses desseins amoureux.
Mais le sort irrité nous aveugloit tous deux.
Le Tyran m'a surpris sans défense & sans armes.
J'ay veu Pirithoüs, triste objet de mes larmes,
Livré par ce Barbare à des monstres cruels,
Qu'il nourrissoit du sang des malheureux mortels.

Moy-mesme il m'enferma dans des Cavernes sombres,
Lieux profonds, & voisins de l'Empire des Ombres.
Les Dieux aprés six mois enfin m'ont regardé.
J'ay sceu tromper les yeux par qui j'estois gardé.
D'un perfide Ennemi j'ay purgé la Nature.
A ses monstres lui-mesme a servi de pâture.
Et lors qu'avec transport je pense m'approcher
De tout ce que les Dieux m'ont laissé de plus cher;
Que dis-je ? Quand mon ame à soy-mesme renduë
Vient se rassasier d'une si chere veuë;
Je n'ay pour tout accueil que des fremissemens.
Tout fuit, tout se refuse à mes embrassemens.
Et moy-mesme éprouvant la terreur que j'inspire,
Je voudrois estre encor dans les prisons d'Epire.
Parlez. Phedre se plaint que je suis outragé.
Qui m'a trahi ? Pourquoy ne suis-je pas vangé !
La Grece, à qui mon bras fut tant de fois utile,
A-t-elle au Criminel accordé quelque azile ?
Vous ne répondez point. Mon Fils, mon propre Fils
Est-il d'intelligence avec mes Ennemis ?
Entrons. C'est trop garder un doute qui m'accable.
Connoissons à la fois le crime & le coupable.
Que Phedre explique enfin le trouble où je la voy.

SCENE

& HIPPOLYTE.

SCENE VI.

HIPPOLYTE, THERAMENE.

HIPPOLYTE.

Où tendoit ce discours qui m'a glacé d'effroy ?
Phedre toujours en proye à sa fureur extrême
Veut-elle s'accuser & se perdre elle-mesme ?
Dieux ! que dira le Roy ? Quel funeste poison
L'amour a répandu sur toute sa Maison !
Moy-mesme plein d'un feu que sa haine reprouve,
Quel il m'a veû jadis, & quel il me retrouve !
De noirs pressentimens viennent m'épouvanter.
Mais l'Innocence enfin n'a rien à redouter.
Allons, cherchons ailleurs par quelle heureuse adresse
Je pourray de mon Pere émouvoir la tendresse,
Et luy dire un amour qu'il peut vouloir troubler,
Mais que tout son pouvoir ne sçauroit ébranler.

Fin du troisiéme Acte.

PHEDRE

ACTE IV.

SCENE PREMIERE.

THESE'E, OENONE.

THESEE.

AH! Qu'est-ce que j'entens! Un Traistre, un Temeraire
Preparoit cet outrage à l'honneur de son Pere?
Avec quelle rigueur, Destin, tu me poursuis!
Je ne sçais où je vas, je ne sçais où je suis.
O tendresse! O bonté trop mal recompensée!
Projet audacieux! Détestable pensée!
Pour parvenir au but de ses noires amours
L'insolent de la force empruntoit le secours.
J'ay reconnu le fer, instrument de sa rage;
Ce fer dont je l'armay pour un plus noble usage.
Tous les liens du sang n'ont pû le retenir?
Et Phedre differoit à le faire punir?
Le silence de Phedre épargnoit le Coupable?

OENONE.

Phedre épargnoit plustost un Pere déplorable.
Honteuse du dessein d'un Amant furieux,
Et du feu criminel qu'il a pris dans ses yeux,

& HIPPOLYTE.

Phedre mouroit, Seigneur, & sa main meurtriere
Eteignoit de ses yeux l'innocente lumiere.
J'ay veû lever le bras, j'ay couru la sauver.
Moy seule à vostre amour j'ay sceû la conserver.
Et plaignant à la fois son trouble & vos allarmes,
J'ay servi malgré moy d'interprete à ses larmes.

THESEE.

Le perfide ! Il n'a pû s'empescher de pâlir.
De crainte en m'abordant je l'ay veû tressaillir.
Je me suis étonné de son peu d'allegresse.
Ses froids embrassemens ont glacé ma tendresse.
Mais ce coupable amour dont il est devoré,
Dans Athenes déja s'estoit-il déclaré ?

OENONE.

Seigneur, souvenez-vous des plaintes de la Reine.
Un amour criminel causa toute sa haine.

THESEE.

Et ce feu dans Trézene a donc recommencé ?

OENONE.

Je vous ay dit, Seigneur, tout ce qui s'est passé.
C'est trop laisser la Reine à sa douleur mortelle.
Souffrez que je vous quitte & me range auprés d'elle.

E ij

SCENE II.

THESÉE, HIPPOLYTE.

THESÉE.

Ah! le voicy. Grands Dieux! A ce noble maintien
Quel œil ne seroit pas trompé comme le mien?
Faut-il que sur le front d'un profane Adultere
Brille de la Vertu le sacré caractere?
Et ne devroit-on pas à des signes certains
Reconnoistre le cœur des perfides humains?

HIPPOLYTE.

Puis-je vous demander quel funeste nuage,
Seigneur, a pû troubler vostre auguste visage?
N'osez-vous confier ce secret à ma foy?

THESÉE.

Perfide, oses-tu bien te montrer devant moy?
Monstre, qu'a trop long-temps épargné le tonnerre,
Reste impur des Brigans dont j'ay purgé la Terre.
Aprés que le transport d'un amour plein d'horreur
Jusqu'au lit de ton Pere a porté ta fureur,
Tu m'oses presenter une Teste ennemie,
Tu parois dans des lieux pleins de ton infamie,
Et ne vas pas chercher sous un Ciel inconnu
Des Pays, où mon nom ne soit point parvenu.

Fuy, Traiftre. Ne vien point braver icy ma haine,
Et tenter un courroux que je retiens à-peine.
C'eft bien affez pour moy de l'opprobre eternel
D'avoir pû mettre au jour un Fils fi criminel,
Sans que ta mort encor honteufe à ma Memoire
De mes nobles travaux vienne foüiller la gloire.
Fuis. Et fi tu ne veux qu'un chaftiment foudain
T'ajoûte aux Scelerats qu'a punis cette main,
Pren garde que jamais l'Aftre qui nous éclaire
Ne te voye en ces lieux mettre un pied temeraire.
Fuis, dis-je, & fans retour précipitant tes pas,
De ton horrible afpect purge tous mes Eftats.
   Et toy, Neptune, & toy, fi jadis mon courage
D'infames Affaffins nettoya ton rivage,
Souvien-toy que pour prix de mes efforts heureux
Tu promis d'exaucer le premier de mes vœux.
Dans les longues rigueurs d'une prifon cruelle
Je n'ay point imploré ta puiffance immortelle.
Avares du fecours que j'attens de tes foins
Mes vœux t'ont refervé pour de plus grands befoins.
Je t'implore aujourd'hui. Vange un malheureux Pere.
J'abandonne ce Traiftre à toute ta colere.
Etouffe dans fon fang fes defirs effrontez.
Thefée à tes fureurs connoiftra tes bontez.

HIPPOLYTE.

D'un amour criminel Phedre accufe Hippolyte !
Un tel excés d'horreur rend mon ame interdite,
Tant de coups impréveûs m'accablent à la fois
Qu'ils m'oftent la parole, & m'étouffent la voix.

THESEE.

Traiftre, tu prétendois qu'en un lâche filence
Phedre enfeveliroit ta brutale infolence.

F iij

Il falloit en fuyant ne pas abandonner
Le fer, qui dans ses mains aide à te condanner.
Ou plustost il falloit comblant ta perfidie
Lui ravir tout d'un coup la parole & la vie.

HIPPOLYTE.

D'un mensonge si noir justement irrité,
Je devrois faire icy parler la Verité,
Seigneur. Mais je supprime un secret qui vous touche.
Approuvez le respect qui me ferme la bouche;
Et sans vouloir vous-mesme augmenter vos ennuis,
Examinez ma vie, & songez qui je suis.
Quelques crimes toûjours precedent les grands crimes.
Quiconque a pû franchir les bornes legitimes
Peut violer enfin les droits les plus sacrez.
Ainsi que la Vertu le Crime a ses degrez.
Et jamais on n'a veû la timide Innocence
Passer subitement à l'extréme licence.
Un jour seul ne fait point d'un Mortel vertueux
Un perfide Assassin, un lâche Incestueux.
Elevé dans le sein d'une chaste Heroïne
Je n'ay point de son sang démenti l'origine.
Pitthée estimé sage entre tous les humains
Daigna m'instruire encore au sortir de ses mains.
Je ne veux point me peindre avec trop d'avantage.
Mais si quelque vertu m'est tombée en partage,
Seigneur, je croy sur tout avoir fait éclater
La haine des forfaits qu'on ose m'imputer.
C'est par-là qu'Hippolyte est connu dans la Grece.
J'ay poussé la vertu jusques à la rudesse.
On sçait de mes chagrins l'inflexible rigueur.
Le jour n'est pas plus pur que le fond de mon cœur.
Et l'on veut qu'Hippolyte épris d'un feu profane...

THESEE.

Ouy, c'est ce mesme orgueil, Lasche, qui te condane.

Je voy de tes froideurs le principe odieux.
Phedre seule charmoit tes impudiques yeux.
Et pour tout autre objet ton ame indifferente
Dédaignoit de brûler d'une flâme innocente.

HIPPOLYTE.

Non, mon Pere, ce cœur (c'est trop vous le celer)
N'a point d'un chaste amour dédaigné de bruler.
Je confesse à vos piez ma veritable offense.
J'aime, j'aime, il est vray, malgré vostre défense.
Aricie à ses loix tient mes vœux asservis.
La Fille de Pallante a vaincu vostre Fils.
Je l'adore, & mon ame à vos ordres rebelle
Ne peut ny soupirer ny bruler que pour elle.

THESEE.

Tu l'aimes ? Ciel ! Mais non, l'artifice est grossier.
Tu te feins criminel pour te justifier.

HIPPOLYTE.

Seigneur, depuis six mois je l'evite, & je l'aime.
Je venois en tremblant vous le dire à vous-mesme.
Hé quoy ? De vostre erreur rien ne vous peut tirer ?
Par quel affreux serment faut-il vous rassurer ?
Que la Terre, le Ciel, que toute la Nature . . .

THESEE.

Toujours les Scelerats ont recours au parjure.
Cesse, cesse, & m'épargne un importun discours,
Si ta fausse vertu n'a point d'autre secours.

E iiij

PHEDRE

HIPPOLYTE.

Elle vous paroist fausse, & pleine d'artifice.
Phedre au fond de son cœur me rend plus de justice.

THESEE.

Ah! que ton impudence excite mon courroux!

HIPPOLYTE.

Quel temps à mon exil, quel lieu prescrivez-vous?

THESEE.

Fusses-tu par-de-là les Colonnes d'Alcide,
Je me croirois encor trop voisin d'un Perfide.

HIPPOLYTE.

Chargé du crime affreux dont vous me soupçonnez,
Quels Amis me plaindront quand vous m'abandonnez?

THESEE.

Va chercher des Amis, dont l'estime funeste
Honore l'adultere, applaudisse à l'inceste,
Des Traistres, des Ingrats, sans honneur & sans loy,
Dignes de proteger un méchant tel que toy.

HIPPOLYTE.

Vous me parlez toujours d'inceste & d'adultere?
Je me tais. Cependant Phedre sort d'une Mere,

& HIPPOLYTE.

Phedre est d'un sang, Seigneur, vous le sçavez trop
 bien,
De toutes ces horreurs plus rempli que le mien.

THESEE.

Quoy ! ta rage à mes yeux perd toute retenuë ?
Pour la derniere fois ôte-toy de ma veuë.
Sors, Traistre. N'attend pas qu'un Pere furieux
Te fasse avec opprobre attacher de ces lieux.

SCENE III.

THESE'E seul.

Miserable, tu cours à ta perte infaillible.
Neptune par le Fleuve aux Dieux mesmes terrible
M'a donné sa parole, & va l'executer.
Un Dieu vangeur te suit, tu ne peux l'éviter.
Je t'aimois. Et je sens que malgré ton offense
Mes entrailles pour toy se troublent par avance.
Mais à te condanner tu m'as trop engagé.
Jamais Pere en effet fut-il plus outragé ?
Justes Dieux, qui voyez la douleur qui m'accable,
Ay-je pû mettre au jour un Enfant si coupable ?

SCENE IV.
PHEDRE, THESE'E.

PHEDRE.

SEigneur, je viens à vous pleine d'un juste effroy.
Vostre voix redoutable a passé jusqu'à moy.
Je crains qu'un prompt effet n'ait suivi la menace.
S'il en est temps encore, épargnez vostre Race.
Respectez vostre sang, j'ose vous en prier.
Sauvez-moy de l'horreur de l'entendre crier.
Ne me préparez point la douleur éternelle
De l'avoir fait répandre à la main paternelle.

THESEE.

Non, Madame, en mon sang ma main n'a point trempé.
Mais l'Ingrat toutefois ne m'est point échapé.
Une immortelle main de sa perte est chargée.
Neptune me la doit, & vous serez vangée.

PHEDRE.

Neptune vous la doit! Quoy vos vœux irritez...

THESEE.

Quoy craignez-vous déja qu'ils ne soient écoutez?

& HIPPOLYTE.

Joignez-vous bien pluſtoſt à mes vœux legitimes.
Dans toute leur noirceur retracez-moy ſes crimes.
Echauffez mes tranſports trop lents, trop retenus.
Tous ſes crimes encor ne vous ſont pas connus.
Sa fureur contre vous ſe répand en injures.
Voſtre bouche, dit-il, eſt pleine d'impoſtures.
Il ſoutient qu'Aricie a ſon cœur, a ſa foy,
Qu'il l'aime.

PHEDRE.

Quoy Seigneur?

THESEE.

      Il l'a dit devant moy.
Mais je ſçay rejetter un frivole artifice.
Eſperons de Neptune une pronte juſtice.
Je vay moy-meſme encore au pié de ſes Autels
Le preſſer d'accomplir ſes ſermens immortels.

SCENE V.

PHEDRE ſeule.

IL ſort. Quelle nouvelle a frappé mon oreille?
Quel feu mal étouffé dans mon cœur ſe réveille?
Quel coup de foudre, ô Ciel! & quel funeſte avis!
Je volois toute entiere au ſecours de ſon Fils:
Et m'arrachant des bras d'Oenone épouvantée
Je cedois au remord dont j'eſtois tourmentée.
Qui ſçait meſme où m'alloit porter ce repentir?
Peuteſtre à m'accuſer j'aurois pû conſentir,

Peuteſtre ſi la voix ne m'euſt eſté coupée,
L'affreuſe Verité me feroit échapée.
Hippolyte eſt ſenſible, & ne ſent rien pour moy!
Aricie a ſon cœur! Aricie a ſa foy!
Ah Dieux! Lors qu'à mes vœux l'Ingrat inexorable
S'armoit d'un œil ſi fier, d'un front ſi redoutable,
Je penſois qu'à l'amour ſon cœur toûjours fermé
Fuſt contre tout mon ſexe également armé.
Une autre cependant a fléchi ſon audace.
Devant ſes yeux cruels une autre a trouvé grace.
Peuteſtre a-t-il un cœur facile à s'attendrir.
Je ſuis le ſeul objet qu'il ne ſçauroit ſouffrir.
Et je me chargerois du ſoin de le défendre?

SCENE VI.

PHEDRE, OENONE.

PHEDRE.

CHere Oenone, ſçais-tu ce que je viens d'apprendre?

OENONE.

Non. Mais je viens tremblante, à ne vous point
  mentir.
J'ay pâli du deſſein qui vous a fait ſortir.
J'ay craint une fureur à vous-meſme fatale.

PHEDRE,

Oenone, qui l'euſt crû? J'avois une Rivale.

& HIPPOLYTE.

OENONE.

Comment ?

PHEDRE.

Hippolyte aime, & je n'en puis douter.
Ce farouche Ennemi qu'on ne pouvoit donter,
Qu'offenfoit le refpect, qu'importunoit la plainte,
Ce Tigre, que jamais je n'abordáy fans crainte,
Soûmis, apprivoifé reconnoift un Vainqueur.
Aricie a trouvé le chemin de fon cœur.

OENONE.

Aricie ?

PHEDRE.

Ah douleur non encore éprouvée !
A quel nouveau tourment je me fuis refervée !
Tout ce que j'ay fouffert, mes craintes, mes tranfports,
La fureur de mes feux, l'horreur de mes remors,
Et d'un refus cruel l'infupportable injure
N'eftoit qu'un foible effay du tourment que j'endure.
Ils s'aiment ! Par quel charme ont-ils trõpé mes yeux ?
Comment fe font-ils veûs ? Depuis quand ? Dans quels lieux ?
Tu le fçavois. Pourquoy me laiffois-tu feduire ?
De leur furtive ardeur ne pouvois-tu m'inftruire ?
Les a-t'on veû fouvent fe parler, fe chercher ?
Dans le fond des forefts alloient-ils fe cacher ?
Helas ! Ils fe voyoient avec pleine licence.
Le Ciel de leurs foupirs approuvoit l'innocence.
Ils fuivoient fans remords leur panchant amoureux.
Tous les jours fe levoient clairs & fereins pour eux.
Et moy, trifte rebut de la Nature entiere,
Je me cachois au jour, je fuyois la lumiere.
La Mort eft le feul Dieu que j'ofois implorer.
J'attendois le moment où j'allois expirer,

F

Me nourrissant de fiel, de larmes abbreuvée.
Encor dans mon malheur de trop prés observée,
Je n'osois dans mes pleurs me noyer à loisir,
Je goustois en tremblant ce funeste plaisir.
Et sous un front serein déguisant mes allarmes,
Il falloit bien souvent me priver de mes larmes.

OENONE.

Quel fruit recevront-ils de leurs vaines amours?
Ils ne se verront plus.

PHEDRE.

     Ils s'aimeront toujours.
Au moment que je parle, ah mortelle pensée!
Ils bravent la fureur d'une Amante insensée.
Malgré ce mesme exil qui va les écarter,
Ils font mille sermens de ne se point quitter.
Non, je ne puis souffrir un bonheur qui m'outrage,
Oenone. Pren pitié de ma jalouse rage.
Il faut perdre Aricie. Il faut de mon Epoux
Contre un sang odieux réveiller le courroux.
Qu'il ne se borne pas à des peines legeres.
Le crime de la Sœur passe celui des Freres.
Dans mes jaloux transports je le veux implorer.
  Que fais-je? Où ma raison se va-t-elle égarer?
Moy jalouse! Et Thesée est celui que j'implore!
Mon Epoux est vivant, & moy je brule encore!
Pour qui? Quel est le cœur où prétendent mes vœux?
Chaque mot sur mon front fait dresser mes cheveux.
Mes crimes desormais ont comblé la mesure.
Je respire à la fois l'inceste & l'imposture.
Mes homicides mains promtes à me vanger
Dans le sang innocent brulent de se plonger.

& HIPPOLYTE.

Miserable! Et je vis? Et je soutiens la veuë
De ce sacré Soleil, dont je suis descenduë?
J'ay pour Ayeul le Pere & le Maistre des Dieux,
Le Ciel, tout l'Univers est plein de mes Ayeux.
Où me cacher? Fuyons dans la Nuit infernale.
Mais que dis-je? Mon Pere y tient l'Urne fatale,
Le Sort, dit-on, l'a mise en ses severes mains:
Minos juge aux Enfers tous les pâles Humains.
Ah! combien fremira son Ombre épouvantée,
Lors qu'il verra sa Fille à ses yeux presentée,
Contrainte d'avoüer tant de forfaits divers,
Et des crimes, peuteftre inconnus aux Enfers.
Que diras-tu, mon Pere, à ce spectacle horrible?
Je croy voir de ta main tomber l'Urne terrible.
Je croy te voir cherchant un supplice nouveau,
Toy-mesme de ton Sang devenir le Bourreau.
Pardonne. Un Dieu cruel a perdu ta Famille.
Reconnoy sa vangeance aux fureurs de ta Fille.
Helas! Du crime affreux dont la honte me suit,
Jamais mon triste cœur n'a recueilli le fruit.
Jusqu'au dernier soupir de malheurs poursuivie,
Je rends dans les tourmens une penible vie.

OENONE.

Hé! repoussez, Madame, une injuste terreur.
Regardez d'un autre œil une excusable erreur.
Vous aimez. On ne peut vaincre sa destinée.
Par un charme fatal vous fustes entraînée.
Est-ce donc un prodige inoüi parmy nous?
L'amour n'a-t-il encor triomphé que de vous?
La foiblesse aux Humains n'est que trop naturelle.
Mortelle subissez le sort d'une Mortelle.
Vous vous plaignez d'un joug imposé dés long-temps.
Les Dieux mesme, les Dieux de l'Olympe habitans,

F ij

Qui d'un bruit si terrible épouvantent les crimes,
Ont brulé quelquefois de feux illegitimes.

PHEDRE.

Qu'entens-je ? Quels conseils ose-t-on me donner ?
Ainsi donc jusqu'au bout tu veux m'empoisonner,
Malheureuse ? Voilà comme tu m'as perduë.
Au jour que je fuyois c'est toy qui m'as renduë.
Tes prieres m'ont fait oublier mon devoir.
J'évitois Hippolyte, & tu me l'as fait voir.
De quoy te chargeois-tu ? Pourquoy ta bouche impie
A-t-elle en l'accusant osé noircir sa vie ?
Il en mourra peuteftre, & d'un Pere infensé
Le sacrilege vœu peuteftre est exaucé.
Je ne t'écoute plus. Va-t-en, Monstre execrable.
Va, laisse-moy le soin de mon sort déplorable.
Puisse le juste Ciel dignement te payer.
Et puisse ton supplice à jamais effrayer
Tous ceux qui, comme toy, par de lasches adresses,
Des Princes malheureux nourrissent les foiblesses,
Les poussent au panchant où leur cœur est enclin,
Et leur osent du Crime applanir le chemin ;
Détestables Flatteurs, Présent le plus funeste
Que puisse faire aux Rois la colere celeste.

OENONE seule.

Ah Dieux ! Pour la servir j'ay tout fait, tout quitté.
Et j'en reçoy ce prix ? Je l'ay bien merité.

Fin du quatriéme Acte.

ACTE V.

SCENE PREMIERE.

HIPPOLYTE, ARICIE.

ARICIE.

Quoy vous pouvez vous taire en ce peril extréme ?
Vous laissez dans l'erreur un Pere qui vous aime ?
Cruel, si de mes pleurs mesprisant le pouvoir
Vous consentez sans peine à ne me plus revoir,
Partez, separez vous de la triste Aricie.
Mais du moins en partant assurez vostre vie.
Défendez vostre honneur d'un reproche honteux,
Et forcez vostre Pere à revoquer ses vœux.
Il en est temps encor. Pourquoy ? Par quel caprice
Laissez-vous le champ libre à vostre Accusatrice ?
Esclaircissez Thesée.

HIPPOLYTE.

Hé ! que n'ay-je point dit ?
Ay-je dû mettre au jour l'opprobre de son lit ?
Devois-je, en lui faisant un recit trop sincere,
D'une indigne rougeur couvrir le front d'un Pere ?
Vous seule avez percé ce mystere odieux.
Mon cœur pour s'espancher n'a que vous & les Dieux.

Je n'ay pû vous cacher, jugez si je vous aime,
Tout ce que je voulois me cacher à moy mesme.
Mais songez sous quel sceau je vous l'ay revelé.
Oubliez, s'il se peut, que je vous ay parlé,
Madame. Et que jamais une bouche si pure
Ne s'ouvre pour conter cette horrible avanture.
Sur l'équité des Dieux osons nous confier.
Ils ont trop d'intereſt à me-juſtifier.
Et Phedre toſt ou tard de son crime punie,
N'en ſçauroit éviter la juſte ignominie.
C'est l'unique respect que j'exige de vous.
Je permets tout le reste à mon libre courroux.
Sortez de l'esclavage où vous estes reduite.
Osez me suivre. Osez accompagner ma fuite.
Arrachez vous d'un lieu funeste & profané,
Où la Vertu respire un air empoisonné.
Profitez, pour cacher voſtre pronte retraite,
De la confusion que ma diſgrace y jette.
Je vous puis de la fuite aſſurer les moyens.
Vous n'avez juſqu'icy de Gardes que les miens.
De puiſſans Défenſeurs prendront noſtre querelle.
Argos nous tend les bras, & Sparte nous appelle.
A nos amis communs portons nos juſtes cris.
Ne ſouffrons pas que Phedre aſſemblant nos debris
Du troſne paternel nous chaſſe l'un & l'autre,
Et promette à ſon Fils ma dépoüille & la voſtre.
L'occaſion eſt belle, il la faut embraſſer.
Quelle peur vous retient ? Vous ſemblez balancer ?
Voſtre ſeul intereſt m'inſpire cette audace.
Quand je ſuis tout de feu, d'où vous vient cette glace?
Sur les pas d'un Banni craignez-vous de marcher?

ARICIE.

Helas ! qu'un tel exil, Seigneur, me ſeroit cher !

& HIPPOLYTE.

Dans quels raviſſemens, à voſtre ſort liée
Du reſte des mortels je vivrois oubliée !
Mais n'eſtant point unis par un lien ſi doux,
Me puis-je avec honneur dérober avec vous ?
Je ſçay que ſans bleſſer l'honneur le plus ſevere
Je me puis affranchir des mains de voſtre Pere.
Ce n'eſt point m'arracher du ſein de mes Parens.
Et la fuite eſt permiſe à qui fuit ſes Tyrans.
Mais vous m'aimez, Seigneur. Et ma gloire allarmée..

HIPPOLYTE.

Non non, j'ay trop de ſoin de voſtre Renommée.
Un plus noble deſſein m'ameine devant vous.
Fuyez vos ennemis, & ſuivez voſtre Epoux.
Libres dans nos malheurs, puiſque le Ciel l'ordonne,
Le don de noſtre foy ne dépend de perſonne.
L'Hymen n'eſt point toûjours entouré de Flambeaux.
    Aux portes de Trézene, & parmy ces Tombeaux,
Des Princes de ma race antiques ſepultures,
Eſt un Temple ſacré formidable aux Parjures.
C'eſt-là que les mortels n'oſent jurer en vain.
Le perfide y reçoit un chaſtiment ſoudain.
Et craignant d'y trouver la mort inévitable,
Le Menſonge n'a point de frein plus redoutable.
Là, ſi vous m'en croyez, d'un amour éternel
Nous irons confirmer le ſerment ſolennel.
Nous prendrons à témoin le Dieu qu'on y revere.
Nous le prierons tous deux de nous ſervir de Pere.
Des Dieux les plus ſacrez j'atteſteray le nom.
Et la chaſte Diane, & l'auguſte Junon,
Et tous les Dieux enfin témoins de mes tendreſſes
Garantiront la foy de mes ſaintes promeſſes.

ARICIE.

Le Roy vient. Fuyez, Prince, & partez promptement.
Pour cacher mon départ je demeure un moment.

Allez, & laissez moy quelque fidelle guide,
Qui conduise vers vous ma démarche timide.

SCENE II.

THESE'E, ARICIE, ISMENE.

THESEE.

Dieux, éclairez mon trouble, & daignez à mes yeux
Montrer la verité, que je cherche en ces lieux.

ARICIE.

Songe à tout, chere Ismene, & sois preste à la fuite.

SCENE III.

THESE'E, ARICIE.

THESE'E.

Vous changez de couleur, & semblez interdite,
Madame. Que faisoit Hippolyte en ce lieu?

ARICIE.

Seigneur, il me disoit un éternel adieu.

THESEE.

Vos yeux ont sceû donter ce rebelle courage,
Et ses premiers soupirs sont vostre heureux ouvrage.

ARICIE.

Seigneur, je ne vous puis nier la verité.
De vostre injuste haine il n'a pas hérité.
Il ne me traittoit point comme une criminelle.

THESEE.

J'entens, il vous juroit une amour éternelle.
Ne vous assurez point sur ce cœur inconstant,
Car à d'autres que vous il en juroit autant.

ARICIE.

Luy, Seigneur ?

THESEE.

Vous deviez le rendre moins volage.
Comment souffriez-vous cet horrible partage ?

ARICIE.

Et comment souffrez vous que d'horribles discours
D'une si belle vie osent noircir le cours ?
Avez vous de son cœur si peu de connoissance ?
Discernez vous si mal le crime & l'innocence ?
Faut-il qu'à vos yeux seuls un nüage odieux
Dérobe sa vertu qui brille à tous les yeux ?
Ah ! c'est trop le livrer à des langues perfides.
Cessez. Repentez vous de vos vœux homicides.

Craignez, Seigneur, craignez que le Ciel rigoureux
Ne vous haïsse assez pour exaucer vos vœux.
Souvent dans sa colere il reçoit nos Victimes.
Ses présens sont souvent la peine de nos crimes.

THESE'E.

Non, vous voulez en vain couvrir son attentat.
Vostre amour vous aveugle en faveur de l'ingrat.
Mais j'en croy des témoins certains, irreprochables.
J'ay veû, j'ay veû couler des larmes veritables.

ARICIE.

Prenez garde, Seigneur. Vos invincibles mains
Ont de Monstres sans nombre affranchi les humains.
Mais tout n'est pas détruit. Et vous en laissez vivre
Un... Vostre Fils, Seigneur, me défend de poursuivre.
Instruite du respect qu'il veut vous conserver,
Je l'affligerois trop, si j'osois achever.
J'imite sa pudeur, & fuis vostre présence
Pour n'estre pas forcée à rompre le silence.

SCENE IV.

THESE'E seul.

Quelle est donc sa pensée ? Et que cache un discours
Commencé tant de fois, interrompu toûjours ?
Veulent-ils m'éblouïr par une feinte vaine ?
Sôt-ils d'accord tous deux, pour me mettre à la gesne ?

Mais moy-mesme, malgré ma severe rigueur,
Quelle plaintive voix crie au fond de mon cœur?
Une pitié secrette & m'afflige, & m'estonne.
Une seconde fois interrogeons Oenone.
Je veux de tout le crime estre mieux éclairci.
Gardes. Qu'Oenone sorte & vienne seule ici.

SCENE V.

THESE'E, PANOPE.

PANOPE.

J'Ignore le projet que la Reine medite,
Seigneur. Mais je crains tout du transport qui s'a-
   gite.
Un mortel desespoir sur son visage est peint.
La pâleur de la mort est déja sur son teint.
Déja de sa présence avec honte chassée
Dans la profonde mer Oenone s'est lancée.
On ne sçait point d'où part ce dessein furieux.
Et les flots pour jamais l'ont ravie à nos yeux.

THESE'E.

Qu'entens-je?

PANOPE.

Son trespas n'a point calmé la Reine,
Le trouble semble croistre en son ame incertaine.
Quelquefois pour flatter ses secretes douleurs.
Elle prend ses Enfans, & les baigne de pleurs.

Et soudain renonçant à l'amour maternelle,
Sa main avec horreur les repousse loin d'elle.
Elle porte au hazard ses pas irresolus.
Son œil tout égaré ne nous reconnoist plus.
Elle a trois fois écrit, & changeant de pensée
Trois fois elle a rompu sa lettre commencée.
Daignez la voir, Seigneur, daignez la secourir.

THESE'E.

O Ciel ! Oenone est morte, & Phedre veut mourir?
Qu'on rappelle mon Fils. Qu'il vienne se défendre,
Qu'il vienne me parler, je suis prest de l'entendre.
Ne précipite point tes funestes bien-faits,
Neptune. J'aime mieux n'estre exaucé jamais.
J'ay peut-estre trop crû des témoins peu fidelles,
Et j'ay trop tost vers toy levé mes mains cruelles.
Ah ! de quel desespoir mes vœux seroient suivis !

SCENE VI.
THESE'E, THERAMENE.

THESE'E.

THeramene est-ce toy? Qu'as-tu fait de mon Fils?
Je te l'ay confié dés l'age le plus tendre.
Mais d'où naissent les pleurs que je te voy répandre?
Que fait mon Fils ?

THERAMENE.

O soins tardifs, & superflus!
Inutile tendresse ! Hippolyte n'est plus.

THESEE.

& HIPPOLYTE.

THESEE.

Dieux !

THERAMENE.

J'ay veû des mortels perir le plus aimable,
Et j'ose dire encor, Seigneur, le moins coupable.

THESEE.

Mon Fils n'est plus ! Hé quoy ? quand je luy tends les bras,
Les Dieux impatiens ont hasté son trepas ?
Quel coup me l'a ravi ? Quelle foudre soudaine ?

THERAMENE.

A peine nous sortions des portes de Trézene,
Il estoit sur son char. Ses gardes affligez
Imitoient son silence, autour de lui rangez.
Il suivoit tout pensif le chemin de Mycenes.
Sa main sur les chevaux laissoit flotter les resnes,
Ses superbes Coursiers, qu'on voyoit autrefois
Pleins d'une ardeur si noble obeïr à sa voix,
L'œil morne maintenant & la teste baissée
Sembloient se conformer à sa triste pensée.
Un effroyable cry sorti du fond des flots
Des airs en ce moment a troublé le repos.
Et du sein de la terre une voix formidable
Respond en gemissant à ce cri redoutable.
Jusqu'au fond de nos cœurs nostre sang s'est glacé.
Des coursiers attentifs le crin s'est hérissé.
Cependant sur le dos de la plaine liquide
S'éleve à gros boüillons une montagne humide.
L'onde approche, se brise, & vomit à nos yeux
Parmy des flots d'écume un Monstre furieux.
Son front large est armé de cornes menassantes.
Tout son corps est couvert d'écailles jaunissantes.

G

Indontable Taureau, Dragon impetueux,
Sa croupe se recourbe en replis tortueux.
Ses longs mugissemens font trembler le rivage.
Le ciel avec horreur voit ce Monstre sauvage.
La terre s'en émeut, l'air en est infecté,
Le flot, qui l'apporta, recule épouvanté.
Tout fuit, & sans s'armer d'un courage inutile
Dans le temple voisin chacun cherche un azile.
Hippolyte lui seul, digne Fils d'un Heros,
Arreste ses coursiers, saisit ses javelots,
Pousse au Monstre, & d'un dard lancé d'une main
 seûre
Il luy fait dans le flanc une large blessûre.
De rage & de douleur le Monstre bondissant
Vient aux piez des chevaux tomber en mugissant,
Se roule, & leur présente une gueule enflammée,
Qui les couvre de feu, de sang, & de fumée.
La frayeur les emporte, & sourds à cette fois,
Ils ne connoissent plus ny le frein, ny la voix.
En efforts impuissans leur maistre se consume.
Ils rougissent le mords d'une sanglante escume.
On dit qu'on a veû mesme en ce desordre affreux
Un Dieu, qui d'aiguillons pressoit leur flanc poudreux.
A travers les rochers la peur les precipite.
L'essieu crie, & se romp. L'intrepide Hippolyte
Voit voler en éclats tout son char fracassé.
Dans les resnes lui-mesme il tombe embarrassé.
Excusez ma douleur. Cette image cruelle
Sera pour moy de pleurs une source éternelle.
J'ay veû, Seigneur, j'ay veû vostre malheureux Fils
Trainé par les chevaux que sa main a nourris.
Il veut les rappeller, & sa voix les effraye.
Ils courent. Tout son corps n'est bien tost qu'une playe.
De nos cris douloureux la plaine retentit.
Leur fougue impétueuse enfin se rallentit.

& HIPPOLYTE.

Ils s'arreſtent, non loin de ces Tombeaux antiques,
Où des Rois ſes Ayeux ſont les froides reliques.
J'y cours en ſoupirant, & ſa Garde me ſuit.
De ſon genereux ſang la trace nous conduit.
Les rochers en ſont teints. Les ronces degouttantes
Portent de ſes cheveux les dépoüilles ſanglantes.
J'arrive, je l'appelle, & me tendant la main
Il ouvre un œil mourant, qu'il referme ſoudain.
Le Ciel, dit-il, *m'arrache une innocente vie.*
Pren ſoin aprés ma mort de la triſte Aricie.
Cher Amy, ſi mon Pere un jour deſabuſé
Plaint le malheur d'un Fils fauſſement accuſé,
Pour appaiſer mon ſang, & mon Ombre plaintive,
Dy-lui, qu'avec douceur il traitte ſa Captive,
Qu'il lui rende . . . A ce mot ce Heros expiré
N'a laiſſé dans mes bras qu'un corps défiguré,
Triſte objet où des Dieux triomphe la colere,
Et que méconnoiſtroit l'œil meſme de ſon Pere.

THESEE.

O mon Fils ! cher eſpoir que je me ſuis ravi !
Inexorables Dieux, qui m'avez trop ſervi !
A quels mortels regrets ma vie eſt reſervée !

THERAMENE.

La timide Aricie eſt alors arrivée.
Elle venoit, Seigneur, fuyant voſtre courroux,
A la face des Dieux l'accepter pour Epoux.
Elle approche. Elle voit l'herbe rouge & fumante.
Elle voit (quel objet pour les yeux d'une Amante !)
Hippolyte étendu, ſans forme & ſans couleur.
Elle veut quelque temps douter de ſon malheur,
Et ne connoiſſant plus ce Heros qu'elle adore,
Elle voit Hippolyte, & le demande encore.

G ij

Mais trop seûre à la fin qu'il est devant ses yeux,
Par un triste regard elle accuse les Dieux,
Et froide, gemissante, & presque inanimée,
Aux piez de son Amant elle tombe pâmée.
Ismene est auprés d'elle. Ismene toute en pleurs
La rappelle à la vie, ou pluftoft aux douleurs.
Et moy, je suis venu détestant la lumiere
Vous dire d'un Heros la volonté derniere,
Et m'acquitter, Seigneur, du malheureux employ,
Dont son cœur expirant s'est reposé sur moy.
Mais j'apperçoy venir sa mortelle Ennemie.

SCENE DERNIERE.

THESEE, PHEDRE, THERAMENE, PANOPE, GARDES.

THESEE.

HE' bien! vous triomphez, & mon Fils est sans vie.
Ah que j'ay lieu de craindre! Et qu'un cruel soupçon
L'excusant dans mon cœur, m'allarme avec raison!
Mais, Madame, il est mort, prenez voftre Victime,
Jouïssez de sa perte injuste, ou legitime.
Je consens que mes yeux soient toujours abusez.
Je le croy criminel, puisque vous l'accusez.
Son trépas à mes pleurs offre assez de matieres,
Sans que j'aille chercher d'odieuses lumieres
Qui ne pouvant le rendre à ma juste douleur,
Peuteftre ne feroient qu'accroiftre mon malheur.

& HIPPOLYTE.

Laiſſez-moy loin de vous, & loin de ce Rivage
De mon Fils déchiré fuit la ſanglante image.
Confus, perſecuté d'un mortel ſouvenir,
De l'Univers entier je voudrois me bannir.
Tout ſemble s'élever contre mon injuſtice.
L'éclat de mon nom meſme augmente mon ſupplice.
Moins connu des mortels je me cacherois mieux.
Je hay juſques au ſoin dont m'honorent les Dieux,
Et je m'en vais pleurer leurs faveurs meurtrieres,
Sans plus les fatiguer d'inutiles prieres.
Quoy qu'ils fiſſent pour moy, leur funeſte bonté
Ne me ſçauroit payer de ce qu'ils m'ont oſté.

PHEDRE.

Non, Theſée, il faut rompre un injuſte ſilence.
Il faut à voſtre Fils rendre ſon innocence.
Il n'eſtoit point coupable.

THESEE.

Ah Pere infortuné !
Et c'eſt ſur voſtre foy que je l'ay condamné !
Cruelle, penſez-vous eſtre aſſez excuſée ....

PHEDRE.

Les momens me ſont chers, écoutez-moy, Theſée.
C'eſt moy qui ſur ce Fils chaſte & reſpectueux
Oſay jetter un œil profane, inceſtueux.
Le Ciel mit dans mon ſein une flâme funeſte.
La deteſtable Oenone a conduit tout le reſte.
Elle a craint qu'Hippolyte inſtruit de ma fureur
Ne découvriſt un feu qui luy faiſoit horreur.
La Perfide abuſant de ma foibleſſe extréme
S'eſt haſtée à vos yeux de l'accuſer luy-meſme.

Elle s'en est punie, & fuyant mon courroux
A cherché dans les flots un supplice trop doux.
Le fer auroit déja tranché ma destinée,
Mais je laissois gemir la Vertu soupçonnée.
J'ay voulu, devant vous exposant mes remords,
Par un chemin plus lent descendre chez les Morts.
J'ay pris, j'ay fait couler dans mes brulantes veines,
Un poison que Medée apporta dans Athenes.
Déja jusqu'à mon cœur le venin parvenu
Dans ce cœur expirant jette un froid inconnu,
Déja je ne voy plus qu'à travers un nuage
Et le Ciel, & l'Epoux que ma presence outrage,
Et la Mort à mes yeux dérobant la clarté
Rend au jour, qu'ils souïlloient, toute sa pureté.

PANOPE.

Elle expire, Seigneur.

THESEE.

D'une action si noire
Que ne peut avec elle expirer la memoire !
Allons de mon erreur, helas ! trop éclaircis
Mesler nos pleurs au sang de mon malheureux Fils.
Allons de ce cher Fils embrasser ce qui reste,
Expier la fureur d'un vœu que je déteste.
Rendons-lui les honneurs qu'il a trop meritez.
Et pour mieux appaiser ses Manes irritez,
Que malgré les complots d'une injuste Famille
Son Amante aujourd'huy me tienne lieu de Fille.

FIN.